Literatur im Dialog

Die Faszination von Talmud und Midrasch

TVZ

Literatur im Dialog
Die Faszination von Talmud und Midrasch

mit Beiträgen von

Dagmar Börner-Klein, Tal Ilan, Lennart Lehmhaus, Susanne
Plietzsch und Günter Stemberger

herausgegeben von Susanne Plietzsch

TVZ

Theologischer Verlag Zürich

Auf der Umschlagseite ist die Handschrift München der Mekhilta des Rabbi Jischmael abgebildet. Abbildung mit freundlicher Genehmigung der Bayerischen Staatsbibliothek München.

Die Deutsche Bibliothek – Bibliografische Einheitsaufnahme

Die Deutsche Bibliothek verzeichnet diese Publikation in der Deutschen Nationalbibliografie; detaillierte bibliografische Daten sind im Internet über <http://dnb.ddb.de> abrufbar.

Umschlaggestaltung

Simone Ackermann, Zeljko Gataric, Zürich

Druck

ROSCH-BUCH GmbH, Scheßlitz

ISBN 978-3-290-17432-3

Inhalt

Einleitung: Verwickelte Texte – faszinierende Literatur (Susanne Plietzsch)

Der vorliegende Aufsatzband entstand im Anschluss an eine Vortragsreihe im Sommersemester 2006 am Institut für Jüdische Studien der Universität Basel. Sie sollte Studierende, Forschende und die interessierte Öffentlichkeit zusammen bringen und die Möglichkeit bieten, rabbinische Texte aus kultur- und literaturwissenschaftlicher Perspektive wahrzunehmen. Der Titel der Vortragsreihe lautete „Verwickelte Texte": Die vielfältige Bezogenheit der Texte aufeinander sollte damit zum Ausdruck kommen, ihre Mehrstimmigkeit und assoziative Kraft, aber auch ihre Fähigkeit, damalige und heutige Leserinnen und Leser in die Diskurse der Verfasser hinein zu „verwickeln".

1. Geschlossene Diskurse, Einbezug der Rezipierenden

Das Interesse an rabbinischer Schriftinterpretation und an theoretischen und praktischen Konzepten des rabbinischen Denkens ist in den verschiedensten wissenschaftlichen Zusammenhängen vorhanden. Es bringt die Frage nach einem kulturellen Bereich zum Ausdruck, der in einem wie auch immer umrissenen europäisch-westlichen Bildungskanon eine Sonderstellung einnimmt: Judentum ist faszinierend als eine Kultur, die sich einer totalitären christlichen Deutungshoheit verweigert und diese somit anfragt. Die Zugangsvoraussetzungen zu den Texten, die das rabbinische Judentum konstituieren, sind jedoch hoch: Die fast hermetisch zu nennende Abgeschlossenheit dieser Literatur, die sich kaum auf andere Diskurse als ihre eigenen bezieht (und dies oft nur in Andeutungen), macht die Beteiligung Aussenstehender nahezu unmöglich. Rabbinische Literatur ist Insider-Literatur – sie setzt Zugehörigkeit voraus und stellt Zugehörigkeit her. Die einzelnen Texte bleiben unverständlich, wenn die Grundoptionen der Autoren und ihr methodisches Instrumentarium nicht wenigstens ansatzweise bekannt sind, und umgekehrt schaffen diese Optionen und Methoden epistemische Strukturen – das Interesse an rabbinischer Tora und an Halacha für Israel – die ausserhalb der rabbinischen Welt kaum kommuniziert werden können oder von Belang wären.[1] Gibt es eine religionspolitische Funktion dieser literarischen Abgeschlossenheit? Soll so die Existenz eines von nichtjüdischen Einflüssen unberührten Diskurssystems, dessen Ursprünge „am Sinai" liegen, vor Augen geführt werden? Realisieren Mischna, Midrasch und Talmudim im literarischen Sinn das zentrale rabbinische Konzept der Tora, die unverändert (wenn auch freilich stets aktualisierbar) über die Generationen weitergegeben wird und in jeder Generation neu rezipiert und praktiziert werden soll?[2] Vom Ende des zweiten Jahrhunderts an lancierte die rabbinische Bewegung als zunächst marginale Gruppe ein gemeinsames jüdisches Selbstverständnis, welches alle folgenden jüdischen Strömungen entscheidend prägen (oder sogar ermöglichen) sollte. Es gelang ihr, nicht nur einzelne religiöse und juristisch-halachische Konzepte, sondern ein eigenes Denksystem und eine eigene Identität zu kreieren, die durch jeden einzelnen Rezeptionsvorgang bestätigt und erneuert wird.[3] Die Rezipierenden sind hierbei intensiv gefordert: Indem verschiedene Texte und Textphänomene verknüpft oder gegeneinander gehalten werden, entstehen die einzelnen Aussagen der rabbinischen Autoren immer wieder neu in der Differenz und im Dialog zwischen Vers und Midrasch, zwischen Mischna und Gemara, zwischen Mischna und Schrift – oder welche Bezugnahme auch immer hergestellt wird. Die unzähligen einzelnen rabbinischen Erörterungen und Narrative vermitteln durch ihren Facettenreichtum, durch ihre unerwarteten Wendungen zum Detail und eben durch die subtilen Verknüpfungen der einzelnen Stoffe eine tiefe Lebendigkeit. Die Autoren zeichnen die Strukturen der von ihnen beschriebenen Diskurse anhand von Beobachtungen, Zitaten, philosophischen und juristischen Standortbestimmungen, Schlaglichtern und Beispielfällen nach, machen sie bewusst und kommunizierbar und lassen ihre Leserinnen und Leser all dies Schritt für Schritt nachvollziehen. Es gelang den rabbinischen Autoren auf diese Weise nachhaltig,

---

1   Vgl. Neusner (1984), 115-116.

2   Vgl. Boyarin (2004), 18. Boyarin bezeichnet hier die rabbinische Bewegung als „movement that imagines itself to be a community free of Hellenism, and therefore it is itself no less Hellenistic precisely because of its reaction." Vgl. auch Goldberg (1987).

3   Vgl. dazu Plietzsch (2003), 14-16.

Marginalisierungsdiskursen zu begegnen und sie zu unterlaufen, wenngleich es nicht in ihrer Macht stand, ihnen vorzubeugen. Dieses widerständige Motiv des ständig fraglichen und gefährdeten Bestehenbleibens und Weiterexistierens zieht sich durch die gesamte rabbinische Literatur.

2. Politik und Religion, Judentum und Christentum

Zur kulturwissenschaftlichen Sicht auf das entstehende rabbinische Judentum gehört die Diskussion seiner Relationen zum frühen Christentum. In dieser Frage gab es in den letzten Jahren einen Paradigmenwechsel: Durch die jüngsten Werke von Daniel Boyarin und Seth Schwartz wurde eine Debatte in Gang gesetzt, in der stärker als bisher nach dem vielfältigen spätantiken und vor allem christlichen Kontext des rabbinischen Judentums gefragt wird. Seth Schwartz trägt in „Imperialism and Jewish Society" (2001) die These vor, dass vor allem die Christianisierung des Römischen Reiches die Neuentstehung und Entwicklung einer eigenständigen rabbinischen Kultur und Religion befördert hätte, nachdem das vorher existierende Judentum als „zerschlagen" (shattered) zu gelten hatte: „ [...] under the combined impact of the Destruction and the failure of the two revolts, the deconstitution of the Jewish 'nation', and the annexiation of Palestine by an empire at the height of its power and prosperity, Judaism shattered. Its shards were preserved in altered but recognizable forms by the rabbis, who certainly had some residual prestige and thus small numbers of close adherents and probably larger numbers of occasional supporters."[4] Seine Ansicht, dass das rabbinische Judentum indirekt durch sich konsolidierende christliche Machtstrukturen determiniert sei, begründet Schwartz mit einem tiefgreifenden kulturellen und religionspolitischen Umbruch: Infolge der Ausbreitung und Konsolidierung des Christentums im Römischen Reich war das selbstverständliche „Eingebettetsein" (embedding)[5] der Religion in ein kulturelles Ganzes der antiken mediterranen Gesellschaft nicht mehr gegeben, und „Religion" wurde zu einem eigenstän-

---

4   Schwartz (2001), 15.
5   Zur Herkunft dieser Terminologie vgl. Oakman (2004).

digen menschlichen Erfahrungsbereich, der sich durch die aktive Wähl-
barkeit bestimmter Diskurse und Metaphernsysteme auszeichnete.[6]
Dadurch, dass das Christentum theologisch auf einen Gegenpol Judentum angewiesen war, konnte – so Schwartz – die rabbinische Bewegung
ein Judentum entwickeln, das, obwohl kulturell und religiös eigenständig,
ähnliche institutionelle Strukturen wie die christliche Mehrheitsreligion
entwickelte. Schwartz erwähnt vor allem die Organisation in lokalen
Gemeinden und die Errichtung sakraler Gebäude mit einer entsprechenden Ikonographie: „The Jewish community was in the details of its
ideology and function distinctively Jewish. But the Jews, in imagining
their villages as partly autonomous loci of religious obligation and
meaning, and in acting on this idea by producing monumental religious
buildings, were participating in a general late antique process, itself a
consequence of christianization.“[7] Diese neuen Strukturen hätten an eine
bis dahin allgemeine Identifikation mit einem Komplex aus „Gott, Tempel und Tora“, wie sie zur Zeit der hellenistischen Herrscher vorhanden
gewesen sei, anschliessen können.[8]

Während Schwartz in der Auffassung des Ursprungs des rabbinischen
Judentums aus der Entwicklung von Religion als distinktem Erfahrungsbereich mit Daniel Boyarin übereinstimmt,[9] ist es das Anliegen des
letzteren, auf eine Periode hinzuweisen, in der „Judentum“ und „Christentum“ als Religionen und Identitätsbestimmungen noch keineswegs
klar voneinander abgrenzbar waren. Boyarin spricht, indem er ein
sprachwissenschaftliches Theoriemodell übernimmt, von einer Zusam-
menstellung (assortment) religiöser „Dialekte“, die sich zu „Sprachen“
bzw. Religionen formierten, deren institutionelle und nachhaltige
Abgrenzung voneinander allerdings erst im Laufe des vierten Jahrhunderts infolge staats- und machtpolitischer Interessen geschah.[10] Er betont
den artefiziellen Charakter dieser Trennungen gegen die Vorstellung
eines sich aus inhaltlichen Differenzen ergebenden „Auseinandergehens“

---

6   Schwartz (2001), 179. Vgl. dazu auch W. Stegemann (2004), 38, der ausdrücklich von
    Religion als einem „Diskursbegriff“ spricht.
7   Schwartz (2001), 289.
8   Vgl. Schwartz, 62-66.
9   Boyarin (2004), 12-13.
10 Vgl. Boyarin (2004), 19, 21.

beider Gruppen. Mit dem Entstehen der Kategorien „Judentum" und „Christentum" wurden Zuschreibungen ermöglicht, die vorher trotz verschiedener religiöser Ausprägungen nicht zwingend notwendig waren: „One might say that Judaism and Christianity were invented in order to explain the fact that there were Jews and Christians."[11] Konkret sieht Boyarin das Instrument dieser Trennung in der Logos-Theologie, die zum Unterscheidungskriterium wurde. Während der Logos Christus als Sinn der Schrift und Vermittlungsinstanz des Göttlichen zum zentralen christlichen Identitätskriterium entwickelt wurde, sah sich die rabbinische Bewegung gezwungen, jegliche personifizierte Vermittlungsinstanz zu negieren und ausschliesslich die Tora als Möglichkeit der Erfahrung des Göttlichen und als Identitätskriterium zuzulassen. Boyarin versteht das rabbinische Judentum als eine „nativist reaction"[12] auf die durch die Ausbreitung des Christentums zustande gekommene „Trennung von Kult und Kultur".[13] Die rabbinische Bewegung verweigerte sich jedoch einem vollständig optionalen und ausschliesslich auf einer persönlichen Überzeugung basierenden Religionsbegriff und räumte der herkunftsbezogenen Identität und der entsprechenden Lebenskultur (die sie jedoch erst definieren musste) Priorität vor einer erworbenen Glaubensüberzeugung ein.[14] Die rabbinische Bewegung entwickelte ein Judentum, das sowohl ethnisch-kulturelle Gegebenheiten als auch theologische Konzepte in einem System verband.

In diesen beiden Entwürfen wird das rabbinische Judentum in stärkerem Masse als vorher als die Folge bestimmter politischer Machtkonstellationen zwischen christlichen römischen Autoritäten und Vertretern der zahlenmässig geringen rabbinischen Bewegung gesehen und weniger als das Ergebnis der unabhängigen theologischen Entwicklung eines Kollektivs. Indem die rabbinische Selbstdarstellung kritisch gegengelesen wird, entsteht ein Bild, das weniger klare Konturen und „rein religiöse" Motive enthält, dafür aber kontroverser, konfliktreicher und menschlicher ist. Auch wenn die methodische Kritik, die – manchmal zusammen mit Anerkennung vorgetragen – insbesondere an „Imperialism and

---

11 Boyarin (2004), 21.
12 Boyarin (2004), 18.
13 Ebd., 12.
14 Ebd., 12-13.

Jewish Society" geübt wurde, ernst genommen werden muss, scheint dieses Hinterfragen geschichtstheologischer Deutungsmuster ein Ansatz zu sein, hinter den nicht mehr zurückgegangen werden kann.[15]

3. Frauen als Subjekte der Tradition?

Die Frage nach Autorität und Deutungshoheit kann aber auch auf einer anderen Ebene als zwischen Judentum, Christentum und römischem Staat gestellt werden: Judentum und Christentum scheinen in ihren klassischen Texten beide auf die gleichzeitig inferiore wie überhöhte Frau angewiesen, die keine dauerhafte Stimme unter den Entscheidungsträgern hat und deren eigenständige Personhaftigkeit immer wieder graduell ausgehandelt werden muss.[16] Dies hatte, fast im Sinne eines Teufelskreises, zur Folge, dass Frauen „zum Schweigen gebracht" wur-

---

15 Vgl. z.B. Eliav (2004), 121: „Schwartz's scepticism serves as a scalpel that enables him to cut away the foundations of the thematic model, which has guided and still guides, the historical narrative of ancient Judaism." Dennoch übt Eliav Kritik an Schwartz; insbesondere weist er darauf hin, dass „Schwartz's radical hypothesis concerning the disappearance of Judaism after 70 C.E., and especially in the second and third centuries C.E." (ebd., 122) auf einem archäologischen argumentum e silentio basiert, d.h. auf dem *Nichtvorhandensein* spezifisch jüdischer Objekte in diesem Zeitrahmen (während die Münz- wie Inschriftenfunde in Tiberias und Sepphoris sämtlich hellenistisch sind). Zu Recht macht Eliav darauf aufmerksam, dass wir allein aufgrund des archäologischen Befundes und ohne das Werk des Josephus nichts von einem jüdischen Gemeinwesen im Cäsarea der Zeit des zweiten Tempels wissen würden (ebd.). Doch gibt er zu: „There were certainly many who abandoned Judaism, and it is reasonable to suppose that the status of the sages and of the Nasi was not as elevated as previous scholars have assumed" (ebd., 123). – Fine hingegen unterstellt Schwartz vor allem eine identitätspolitische Agenda im Sinne des amerikanisch-jüdischen Conservative Movement: „It should be noted that the counter-histories of the Rabbinic movement written by Conservative Rabbi-scholars over the last 30 or so years coincided with major changes at the Jewish Theological Seminary, most importantly the ordination of women to the rabbinate. As this community has distanced itself from historical norms of Talmudic jurisprudence, it has revised its image of the historical rabbis", vgl. Fine (2004), 58.

16 Vgl. Wegner (1988), bes. 170-172.

den,[17] ihre sichtbare und hörbare Präsenz im öffentlichen Raum problematisiert und zurückgedrängt wurde. Judentum und Christentum haben im Laufe der Spätantike ihre Entstehungsgeschichte so festgeschrieben und ihre institutionelle Struktur so gestaltet, dass Frauen darin als religiöse und politische Entscheidungsträgerinnen nicht mehr vorkommen: Prägendes Idealbild sind die männlichen Rabbinen, die miteinander diskutieren und Halacha und Midrasch zusammentragen, die männlichen Jünger, Apostel und Bischöfe.[18] Nach den Frauen im antiken Judentum und Christentum zu fragen, wirft daher die verschiedensten Probleme auf: Historisch gesehen wissen wir heute, dass es Frauen als Entscheidungsträgerinnen gab[19] und dass die Wirklichkeit „am Boden" anders aussah als das Idealbild. Darüber hinaus ist zu sagen, dass die Auseinandersetzung mit der männlichen Normativität und der damit verbundenen Kontrolle von Frauen der literarischen und historischen Forschung immer noch eine Dimension hinzufügt – verglichen mit einer unbefangenen Lektüre, die eben diese normative Männlichkeit als „allgemein menschlich" lesen konnte oder kann. Positiv gesehen ist auf diese Weise die wissenschaftliche Auseinandersetzung mit dem Judentum und Christentum der Antike und Spätantike einmal mehr unideologischer und differenzierter, aber auch anspruchsvoller geworden.

4. Die einzelnen Beiträge

Der Aufsatz von *Günter Stemberger* beschäftigt sich mit der Analyse von Texten über Entscheidungsfindungen in der Mischna, der Tosefta und den Talmudim. Stemberger geht der Frage nach, in welchem Verhältnis Mehrheitsentscheidungen und autoritative Einzelentscheidungen – in den Texten und in der Realität – standen. Er diskutiert die in diesem Zusammenhang wichtigen rabbinischen Überlieferungen und Erzählun-

---

17 Ilan (2006). Vgl. auch Schottroff (1994), 40-56, die römische Quellen, die die „Notwendigkeit" der Herrschaft von Männern über Frauen reflektieren, interpretiert.

18 Boyarin (2004), 74: „Crucial to this epistemic shift in the locus of authority was the disenfranchisement of the previous holders of knowledge/power, the priests, and other traditional sources of knowledge, including perhaps women."

19 Vgl. Brooten (1982), vgl. auch Schottroff (1994), 318-321.

gen, z.B. den Kalenderstreit zwischen Rabban Gamaliel und Rabbi Jehoschua, die Erzählung vom Ofen des Achnai und dem Bann über Rabbi Eliezer, Berichte über Konflikte zwischen den Schulen Schammai und Hillel und schliesslich die Erzählung vom Bann über Aqabja ben Mahalalel in mEd 5,6-7. Stemberger beschreibt zwei Phasen der Traditionsbildung: die Frühzeit der rabbinischen Bewegung, für die sowohl Verfügungen einzelner Autoritäten als auch Mehrheitsentscheidungen überliefert werden, und die Reflexionen der Talmudim zu diesem Thema. Dabei zeigt er, dass der babylonische Talmud Mehrheitsentscheidungen eines Gelehrtenkollegiums in vorrabbinischer und tannaitischer Zeit teilweise in idealisierender Weise beschreibt, für die eigene Gegenwart jedoch das Argumentieren einzelner Gelehrter auf der Grundlage von Mischna und Baraita im Vordergrund steht. Stemberger beschreibt damit die Vorläufe des bis heute gültigen Prinzips der in der Tradition begründeten rabbinischen Einzelentscheidung.

Meinen eigenen Beitrag habe ich als Gelegenheit dafür genommen, mich mit den literarischen Möglichkeiten, die die Gattung Midrasch bietet, auseinanderzusetzen. Ein grundlegendes Merkmal dieser Gattung, die Verknüpfung eines Schriftverses mit einer Deutung, erwies sich dabei als ein Stilmittel mit vielfältigem Potential. Ich habe versucht zu zeigen, dass diese literarische Strategie viele methodische Möglichkeiten eröffnet, und vor allem, dass sie durch den ständigen Dialog zwischen Text und Auslegung Leserinnen und Leser in die Thematik und Auseinandersetzung der Autoren hineinzieht. In diesem Sinne möchte ich Midrasch als identitätsstiftende und aktivierende Literatur bezeichnen.

Im Anschluss an den Vortrag von *Tal Ilan* wurde die Frage, wie es denn um das gemeinde- und religionspolitische Interesse feministischer Forschung bestellt sei, eingehend diskutiert. Hat feministische Forschung das Ziel, den Einfluss von Frauen innerhalb aktueller religiöser Schulen und Institutionen zu stärken bzw. eine feministische Sicht des Judentums zu etablieren? Ilan sprach sich klar für eine Trennung von wissenschaftlicher Forschung und jeglicher Gemeindepolitik aus. In ihrem Beitrag gibt sie einen Einblick in ihr derzeitiges Forschungsprojekt „Feministischer Talmud-Kommentar" und analysiert direkte und indirekte Bezugnahmen der rabbinischen Gelehrten auf Frauen und Geschlechtsrollen im Traktat Ta'anit. Anhand der ausgeprägten Sexualmetaphorik, mit der hier und in anderen rabbinischen Texten vom Regen und der Erde gesprochen wird, zeigt sie, wie präsent unter der Oberfläche rabbinischer Texte nicht nur altes mythologisches Wissen, sondern auch vielfältige genderspezifische Wahrnehmungen sind.

Ein besonderer Schwerpunkt unserer Vortragsreihe ergab sich durch die Teilnahme von *Dagmar Börner-Klein*, die zum „Alphabet des Ben Sira" sprach, einer zwischen dem 8. und dem 11. Jahrhundert verfassten und im Mittelalter wie auch in der Neuzeit beliebten und einflussreichen Schrift.[20] Hier haben wir es bereits mit einer kritischen Reflexion der rabbinischen Vermittlung zu tun, Börner-Klein spricht deshalb von einer „narrativen Kritik der rabbinischen Bibelauslegung". Stoffe aus Midrasch und Talmud werden in dieser Schrift, die in zahlreichen Varianten vorliegt, in weniger abstrakter, sondern eher in praxisnaher und volkstümlicher Weise geboten, das erzählerische Element steht stärker im Vordergrund als die subtile Intertextualität der talmudischen Literatur. Börner-Klein führt in ihrem Beitrag neun Episoden aus dem Alphabet des Ben Sira an – es handelt sich jeweils um Antworten, die Ben Sira dem König Nebukadnezar auf seine Fragen gibt – und zeigt daran einen von der klassischen rabbinischen Hermeneutik verschiedenen Umgang mit heiligen Texten. Um diese Perspektive, die bereits den Dialog mit der rabbinischen Überlieferung führt, zu stärken, erscheint in diesem Band ergänzend zu Börner-Kleins Beitrag ein Aufsatz ihres Schülers *Lennart Lehmhaus*, ebenfalls zum Alphabet des Ben Sira. Lehmhaus zeigt die Bezugnahmen zwischen dem apokryphen Sirachbuch, dem „Alphabet des Ben Sira" und bSanh 100b auf. Anhand einer längeren Passage des Gespräches zwischen Ben Sira und seinem Lehrer, die Lehmhaus in zwei verschiedenen Handschriftentraditionen (eine von ihm selbst übersetzt, eine andere in der Übersetzung von Börner-Klein) präsentiert, formuliert er eine These zu diesem intertextuellen System: Es handele sich um eine

---

20 Vgl. die von Börner-Klein 2007 vorgelegte hebräisch-deutsche Textausgabe des „Alphabet des Ben Sira", durch die erstmals eine deutsche Übersetzung dieses Werkes zugänglich ist.

Kritik an der in bSanh 100b vorgetragenen Ablehnung des Sirachbuches, die in den beiden Texttraditionen des „Alphabets" verschieden ausgeführt wird. Die alphabetische Abfolge der Weisheitssprüche wird in beiden Übersetzungen nachempfunden, was die Lektüre sehr reizvoll macht.

Ein formaler Aspekt sei vorab noch erwähnt: Hebräische (bzw. aramäische und griechische) Begriffe und Zitate erscheinen in Originalschrift, Umschrift und Übersetzung. Ich habe mich dabei an der Umschrift orientiert, die Günter Stemberger in der „Einleitung in Talmud und Midrasch" (München 1992) vorschlägt. Dasselbe gilt für die Abkürzungen der rabbinischen Werke. Bei den Rabbinennamen habe ich jedoch zugunsten der Gewohnheiten der Autorinnen und Autoren auf hundertprozentige Einheitlichkeit verzichtet (Beispiel: Simeon – Schimon).

Abschliessend möchte ich all jenen danken, die an der Vortragsreihe wie auch an dieser Publikation Anteil haben: Ekkehard W. Stegemann für die Anregung des gesamten Projektes und für die Formulierung „Verwickelte Texte", den Vortragenden für ihre Reise nach Basel und ihre bereichernden Beiträge, die auf weitere gute Zusammenarbeit hoffen lassen, der Stiftung für Jüdische Studien und der Theologischen Fakultät der Uni Basel, die diese Vortragsreihe finanziell ermöglicht haben, der Stiftung Irène Bollag-Herzheimer (Basel) für die Übernahme der Druckkosten dieses Buches, Esther Kontarsky (Berlin) für die Übersetzung des Aufsatzes von Tal Ilan; nicht zuletzt aber denjenigen Studierenden, Kolleginnen und Kollegen, Hörerinnen und Hörern und anderen Interessierten, die die Vorträge besucht und sich auf alte Texte und neue Perspektiven eingelassen haben.

Susanne Plietzsch
Mai 2007

Literatur

BÖRNER-KLEIN, Dagmar: Das Alphabet des Ben Sira. Hebräisch-deutsche Textausgabe mit einer Interpretation, Wiesbaden 2007.

BOYARIN, Daniel: Border Lines. The Partition of Judaeo-Christianity, Philadelphia 2004.

BROOTEN, Bernadette J.: Women Leaders in the Ancient Synagogue, Chico 1982.

ELIAV, Yaron Z.: The Matrix of Ancient Judaism, in: Prooftexts 24 (2004), 116-128.

FINE, Steven: Imperialism and Jewish Society 200 B.C.E. to 640 C.E., reviewed by Steven Fine, in: Biblical Archeological Review, Vol. 30, Nr. 2 (March/April 2004), 56-58.

GOLDBERG, Arnold: Die Zerstörung von Kontext als Voraussetzung für die Kanonisierung religiöser Texte im rabbinischen Judentum (1987), in: ders., Mystik und Theologie des rabbinischen Judentums (Gesammelte Studien I), hg. von Margarete Schlüter und Peter Schäfer, Tübingen 1997, 413-425.

ILAN, Tal: Silencing the Queen, Tübingen 2006.

NEUSNER, Jacob: Das pharisäische und talmudische Judentum. Neue Wege zu seinem Verständnis, Tübingen 1984.

OAKMAN, Douglas E.: Das Verhältnis von Kultur, Gesellschaft und „eingebetteter Religion" in der Antike, in: GELARDINI, Gabriella/ SCHMID,Peter (Hgg.): Theoriebildung im christlich-jüdischen Dialog, Stuttgart 2004, 13-33.

PLIETZSCH, Susanne: Der ungebrochene Anspruch auf Befreiung und Leben. Zur Hermeneutik der rabbinischen Auslegung von Ex 1-15, in: Bulletin der Schweizerischen Gesellschaft für Judaistische Forschung, 12/2003, 3-16.

SCHOTTROFF, Luise: Lydias ungeduldige Schwestern. Feministische Sozialgeschichte des frühen Christentums, München 1994.

SCHWARTZ, Seth: Imperialism and Jewish Society 200 B.C.E. to 640 C.E., Princeton 2001.

STEGEMANN, Wolfgang: Die Erfindung der Religion durch das Christentum, in: GELARDINI/SCHMID (wie oben unter Oakman), 35-48.

STEMBERGER, Günter: Einleitung in Talmud und Midrasch, München 1992.

WEGNER, Judith Romney: Chattel or Person? The Status of Women in the Mishnah, Oxford 1988.

Mehrheitsbeschlüsse oder Recht auf eigene Meinung? Zur Entscheidungsfindung im rabbinischen Judentum (Günter Stemberger)

Im heutigen Judentum gibt es weder eine zentrale Instanz, die in halakhischen oder sonstigen religiösen Fragen eine verbindliche Entscheidung fällen könnte, noch ein sonstiges Verfahren, um zu einer allgemein akzeptierten Meinung zu kommen. Wenn eine rabbinische Autorität unter Berufung auf ältere Entscheidungen von entsprechendem Gewicht ein Urteil fällt, wird dieses zumindest von den Anhängern derselben Richtung angenommen, solange nicht eine andere Autorität eine andere Meinung nachvollziehbar begründet. Es entscheidet der Einzelgelehrte auf Grund der Tradition, genauer: der traditionellen Quellen, die ihm als besonders autoritativ erscheinen. Es besteht eine Spannung zwischen autoritativer Einzelentscheidung ohne formale Autorisierung und der Gebundenheit dieser Entscheidung an traditionelle Vorgaben und regionalen oder örtlichen Brauch.

Für das Judentum des Zweiten Tempels haben wir keine direkten Informationen, wie verbindliche Entscheidungen in religiösen Fragen zustande kamen und wie, wenn überhaupt, solche Entscheidungen durchgesetzt wurden. Man möchte an den Hohenpriester als höchste religiöse Autorität denken, dem beratend andere priesterliche oder nicht-priesterliche Autoritäten und Gelehrte („Schriftgelehrte") zur Seite standen. Rabbinische Quellen haben daraus den Sanhedrin bzw. das Grosse Gericht (*Bet Din Gadol*) gemacht, an dessen Spitze sie allerdings „pharisäische" Autoritäten sehen. In Verbindung mit Nachrichten aus dem Neuen Testament hat man in der Forschung diese Angaben vielfach bestätigt gesehen, wenn auch das Verhältnis des „pharisäischen" zum hohepriesterlichen Gremium umstritten blieb. Inzwischen ist die Existenz eines nationalen Sanhedrin für die Zeit vor 70, aber auch danach, weithin in Frage gestellt.[1] Auch die Zuordnung früher Autoritäten, die in rabbinischen Texten genannt werden, zu den Pharisäern wird heute als zu schematisch angesehen. Die Kontinuität eines pharisäisch-rabbini-

---

1 Dazu vgl. v.a. Goodblatt (1994).

schen Judentums erscheint nunmehr insgesamt als grobe Vereinfachung der Verhältnisse, die Strömungen wie die der Essener bzw. von Qumran und andere Gruppierungen zu sehr vernachlässigt und insgesamt wohl eine zu grosse Einheitlichkeit in religiösen Anschauungen und halakhischen Normen des Judentums Palästinas zur Zeit des Zweiten Tempels voraussetzt. Man darf wohl annehmen, dass in Belangen, die den Tempel und seinen Kult betrafen, priesterliche Autoritäten eine weitgehend einheitliche Linie durchsetzen konnten;[2] hinsichtlich der religiösen Abgaben, die durch biblisches Recht bzw. spätere Satzungen vorgeschrieben wurden, ist damit zu rechnen, dass auch andere Behörden wie die hasmonäischen und herodianischen Könige mithalfen, deren Erhebung soweit als möglich durchzusetzen. In den meisten anderen Bereichen bleibt die Frage nach Entscheidungsfindung und -durchsetzung völlig offen. Religiöse Kontrolle und Vereinheitlichung hielten sich in ganz engen Grenzen.

1. Rabbinische Zeit – Autorität des Patriarchen

Anders sieht es in der rabbinischen Literatur aus. Beginnend mit der Mischna behaupten die Texte immer wieder, ein rabbinischer Führer oder eine Gruppe von Rabbinen hätten in einer Vielzahl von Fragen halakhische Entscheidungen getroffen. Von besonderem Interesse sind die Aussagen über Taqqanot und Gezerot, vereinfacht gesagt: positive Anordnungen ohne biblische Basis oder meist negative, verbietende Dekrete. Schon von Simeon ben Schetach heisst es, er habe angeordnet (התקין/*hitqin*), dass ein Mann mit seinem ganzen Vermögen für die Eheverschreibung hafte (tKet 12,1, Lieberman 95); Hillel habe den Prosbul angeordnet und damit eine Möglichkeit eröffnet, den biblisch vorgesehenen Verfall von Darlehen im Sabbatjahr zu vermeiden (mSchebi 10,3; mGit 4,3). Gamaliel der Ältere soll ähnliche Anordnungen hinsichtlich der Scheidebriefe (mGit 4,2) und der Bewegungsfreiheit von Neumond-

---

2 Rabbinische Texte stellen die Priesterschaft völlig anachronistisch unter die Kontrolle der „Weisen", so etwa für das Ritual des Versöhnungstages, vgl. mJoma 1,5; tJoma 1,8 (Lieberman 222f.) oder die Reinheitsvorschriften bei der Verbrennung der Roten Kuh, z.B. tPara 3,6f. (Rengstorf 192). Dazu näher Stemberger (1991).

zeugen (mRH 2,5) erlassen haben; nach der Zerstörung des Tempels werden Jochanan ben Zakkai eine Reihe von Taqqanot zugeschrieben (mJoma 3,12; mRH 4,1.3.4; mMen 10,5), ebenso dann Rabban Gamaliel und seinem Gericht Bestimmungen hinsichtlich des Sabbatjahrs (tSchebi 1,1; 6,27; tKil 4,1, Lieberman 165.194.217; jeweils התקין bzw. התקינו/*hitqin* oder *hitqinu*). Jochanan ben Zakkai wird auch zugeschrieben, er habe in bestimmten Eherechtsfragen verboten (גזר/*gazar*), ein Gericht einzuberufen, womit auch gewisse vernünftige Ansichten zu diesen Fragen nicht durchsetzbar seien (mEd 8,3). Damit wird Männern, die die Rabbinen als Führer ihrer Vorläufer betrachten, bzw. den führenden Rabbinen von Jabne (den „Patriarchen") alleinige oder mit einem Gremium ausgeübte Vollmacht in der Festsetzung religiösen Rechts zugeschrieben. Weder wird begründet, mit welchem Recht sie das getan hätten, noch erwähnt, ob und wie diese Entscheidungen durchgesetzt wurden. Es genügt zu sagen, dass diese Personen mit ihren Entscheidungen Recht gesetzt hätten. Die Niederungen der täglichen Praxis werden dabei völlig ausgeblendet; eine rechtliche Entscheidung, die meist wohl nur innerhalb der kleinen rabbinischen Gruppe anerkannt wurde, gilt einfach als Norm.

Dass in Wirklichkeit aber auch innerrabbinisch der Führer der rabbinischen Bewegung sich gelegentlich nur autoritär durchsetzen konnte, wird mehrfach von Rabban Gamaliel erzählt.[3] Am bekanntesten ist die Erzählung vom Kalenderstreit zwischen Gamaliel und Rabbi Jehoschua, der anders als Gamaliel die erfolgte Bezeugung des Neumondes nicht anerkennen will und damit auch die hohen Feiertage zu Beginn des Jahres anders ansetzt:

Es sandte zu ihm Rabban Gamaliel: Ich ordne über dich an (גוזר אני עליך/*gozer ani 'alekha*), dass du zu mir kommst mit deinem Stab und mit deinem Geld an dem Tag, auf den nach deiner Berechnung der Versöhnungstag fällt.

Rabbi Aqiba ging und traf ihn betrübt an. Er sagte zu ihm: Ich kann ableiten, dass alles, was Rabban Gamaliel getan hat, (rechtswirksam)

---

3 Heger spricht in diesem Zusammenhang von „Rabban Gamaliel's Attempts to Unify the Halakhah", vgl. Heger (2003), 309; seine Diskussion der Texte und der Reaktion der anderen Rabbinen darauf (309-332) ist instruktiv, historisiert aber zu stark.

getan ist, denn es heisst: *Das sind die Feste des Herrn, Tage heiliger Versammlung, die ihr zur festgesetzten Zeit ausrufen werdet* (Lev 23,4): Ob zu ihrer Zeit oder nicht zu ihrer Zeit, ich habe keine anderen Festzeiten ausser diesen.

Er kam zu Rabbi Dosa ben Harkinas. Dieser sagte zu ihm: Wenn wir nach dem Gerichtshof des Rabban Gamaliel (nochmals) zu urteilen beginnen, müssen wir nach jedem einzelnen Gerichtshof (nochmals) urteilen, der von den Tagen des Mose bis jetzt bestand; denn es heisst: *Danach stiegen Mose, Aaron, Nadab und Abihu und die siebzig von den Ältesten Israels hinauf* (Ex 24,9). Und warum wurden die Namen der Ältesten nicht einzeln angeführt? Nur, um zu lehren, dass jeweils alle drei, die als Gerichtshof über Israel stehen, wie der Gerichtshof des Mose sind!

Da nahm er seinen Stab und sein Geld in seine Hand und ging nach Jabne zu Rabban Gamaliel an dem Tag, auf den nach seiner Berechnung der Versöhnungstag fiel.

Es stand Rabban Gamaliel auf und küsste ihn auf seinen Kopf und sagte zu ihm: Komm in Frieden, mein Meister und mein Schüler! Mein Meister in der Weisheit, und mein Schüler, weil du meine Worte auf dich genommen hast (mRH 2,9).

Rabbi Jehoschua weiss, dass er Recht hat, und trotzdem lässt er sich schliesslich vom Patriarchen zwingen, gegen sein Gewissen zu handeln und den Tag, der nach seiner Entscheidung der Jom Kippur ist, zu entweihen, um dem Befehl des Patriarchen zu gehorchen. Und dieser anerkennt offenbar, dass der andere sachlich im Recht war („mein Meister"). In Bezug auf die Festzeiten gilt, wie Aqiba aus Lev 23,4 ableitet, die blosse Tatsache, dass sie von einer religiösen Autorität ausgerufen wurden, als ihre Festsetzung, ob dies dem „natürlichen" Kalender entspricht oder nicht. Und auch kein anderes Gericht kann diese Entscheidung neu aufrollen, da man sonst gegen jede Entscheidung berufen könnte. Diese Ablehnung einer Berufung ist biblisch natürlich nicht wirklich gedeckt; der Vers kann nur eine Stütze für jemanden sein, der dieses Prinzip schon anerkennt. Auch gilt sie explizit für jedwedes ordentliche Gericht (ein Minimum von drei Männern) ohne Einschränkung auf die rabbinische Führung.

Im Fall des Kalenders kann man sagen, dass es eine pragmatische Entscheidung geben muss und diese im konkreten Fall keiner ständigen Revision unterliegen darf. Auch wenn der Einzelne sachlich recht hat, muss er sich der Autorität fügen. Es ist eine Faktenentscheidung einer höchsten Instanz, die anzuerkennen ist, auch wenn sie nicht unbedingt richtig ist. Wie umstritten Kalenderfragen noch in der Zeit des Zweiten Tempels waren, wissen wir aus Qumran; für spätere Zeiten sei nur an den Kalenderstreit unter Saadja Gaon im 10. Jh. erinnert. Beide Fälle machen nur zu deutlich, dass die Frage einer entscheidungsbefugten Autorität und ihr Verhältnis zum besseren (oder für besser gehaltenen) Wissen eines einzelnen Gelehrten nicht völlig geklärt war, die Frage nach Gehorsam und Einheitlichkeit oder dem Wissen und Gewissen des Einzelnen offen blieb. Hier wäre natürlich auch die Frage zu stellen, welche Autorität der Patriarch vor Jehuda ha-Nasi ausserhalb des Kreises der Rabbinen, die ihn als ihren Führer anerkannten, überhaupt hatte.[4] Es ist wohl anzunehmen, dass in der Frage des Kalenders auch breitere Kreise der jüdischen Bevölkerung sich gerne einer Autorität unterwarfen, nachdem die des Tempels nicht mehr gegeben war – vorausgesetzt, dass nicht andere Autoritäten andere Meinungen vertraten.

2. Mehrheitsentscheidungen

Neben solchen Einzelentscheidungen, die der Patriarch allein oder mit seinen Beratern (seinem Bet Din) traf, sind Mehrheitsbeschlüsse einer grösseren Zahl von Rabbinen als Basis einer halakhischen Entscheidung vielfach in rabbinischen Quellen der tannaitischen Zeit belegt. Immer wieder heisst es einfach im Plural התקינו, גזרו oder einfach אמרו (*hitqinu, gazru, amru*), gewöhnlich ganz ohne nähere Erklärung, wer genau etwas erlassen, dekretiert oder als Norm festgelegt hat, oder einfach mit der Ergänzung „im Gericht haben sie festgesetzt" (z.B. tKet 1,2, Lieberman 57: תקנה שהתקינו בבית דין/ *taqqanah sche-hitqinu be-beit din*) bzw. „unsere Meister haben festgesetzt" (z.B. tKet 5,7, Lieberman 73: רבותינו התקינו/ *rabbotenu hitqinu*). Auch sagt man nicht, wie man zu diesen Ent-

---

4   Dazu vgl. v.a. die umfassenden Studien von Goodblatt (1994) und Jacobs (1995).

scheidungen gekommen ist. Damit wird etwas als unhinterfragbar allgemeine Norm dargestellt. Ein bekanntes Beispiel für historisch bedingte verbietende Normen findet man in mSota 9,14:

> Im Krieg des Vespasian verbot man die Kronen der Bräutigame und die Trommel (bei der Hochzeit); im Krieg des Qitos verbot man die Brautkronen und dass jemand seinen Sohn Griechisch lehre; im letzten Krieg verbot man, dass die Braut in der Sänfte in der Stadt hinausgehe (jeweils גזרו על/*gazru 'al*), unsere Rabbinen aber erlaubten, dass die Braut in der Sänfte in der Stadt hinausgehe.

Ob mit dem letzten Satz eine spätere Aufhebung eines Teilverbots durch die Rabbinen gemeint ist oder diese von vornherein gegen das Verbot einer anderen Autorität gerichtet ist, geht aus dem Zusammenhang nicht hervor. Man könnte dazu den späteren Satz des Talmud zitieren: „Es ist der Brauch der Welt, dass ein Fürst von Fleisch und Blut ein Verbot erlässt (גוזר גזירה/*gozer gezerah*) – es ist zweifelhaft, ob man es einhält oder nicht" (bSchab 15b). Von Massnahmen, diese Verbote wirksam durchzusetzen, ist jedenfalls auch hier nicht die Rede. Explizit von einer Abstimmung spricht mSchab 1,4:

> Und diese gehören zu den Halakhot, die sie im Obergemach des Chanania ben Chizkija ben Garon sagten, als sie hinaufgingen, um ihn zu besuchen. Sie wurden gezählt und es hatte die Mehrheit (נמנו ורבו/*nimnu we-rabbu*) die Schule Schammais gegenüber der Schule Hillels. Und achtzehn Dinge dekretierten (גזרו/*gazru*) sie an jenem Tag.[5]

Für die Talmudim war es ein Problem, wie die Schule Schammais je die Mehrheit haben konnte – der palästinische Talmud (pSchab 1,4,3c-d) erklärt es damit, dass militante Anhänger dieser Schule Anhänger der Schule Hillels mit Waffengewalt daran hinderten, in den Verhandlungsraum zu kommen. Oft hat man diese Tradition als eine der Ursachen

---

5 Ebenfalls von einer Abstimmung, hier in einer Frage zur Reinheitshalakha, in der die Schule Schammais die Mehrheit über die Schule Hillels erzielte, spricht mMiqw 4,1; ähnlich tSchab 1,18f (Lieberman 4); dazu kommen die Parallelen in den Talmudim.

verstanden, die zum Ausbruch des Krieges gegen Rom im Jahr 66 führten, als sich die zelotischen Schammaiten durchsetzten (das geben aber die Texte nicht her!).[6] Nur die Mehrheitsentscheidung zugunsten der Schule Schammais in gewissen Fragen wird hier ausgesagt. Mehrere Entscheidungen, die man gerne als Mehrheitsbeschlüsse des gesamten Sanhedrin in der Frühzeit von Jabne versteht, findet man in mJad 3-4 und Parallelen:

> Es sagte Rabbi Simeon ben Azzai: Ich habe eine Überlieferung von 72 Ältesten am Tag, da sie Rabbi Eleazar ben Azarja in der Sitzung einsetzten (הושיבו בישיבה/*hoschibu ba-jeschibah*),[7] dass das Hohelied und Kohelet die Hände verunreinigen" (mJad 3,5).

Wollte man diese Aussage als eine verbindliche Abstimmung des Sanhedrin verstehen, würde man erwarten, dass diese auch entsprechend kundgemacht worden wäre; so aber verwundert es sehr, dass der Rabbi das als seine persönliche Tradition (מקובלני/*mequbbal ani*) zitiert, die den anderen nicht bekannt ist. Genau diese Einleitungsformel verwendet derselbe Rabbi in mJad 4,2 zu einer Opferhalakha, in der es dann aber heisst, dass die Weisen ihm nicht zustimmten (!), was bei einer verbindlichen Abstimmung doch eigenartig wäre. In mJad 4,1 heisst es, am selben Tag hätten die Rabbinen nach Zählung der Anwesenden beschlossen (נמנו וגמרו/*nimnu we-gamru*), bei welcher Grösse ein beschädigtes Waschbecken eine bestimmte Form der Unreinheit (מדרס/*midras*) annehmen könne, in 4,3, dass Ammon und Moab im Sabbatjahr den Armenzehnt leisten müssen.

Solche Abstimmungen schreibt man aber nicht nur der Gründerzeit zu, sondern auch späteren Generationen. Zeitlich unbestimmt, aber wohl in die Frühzeit verlegt, ist eine Entscheidung, die eine Revision in Fragen des ehelichen Güterrechts vornimmt:

---

6 Für eine historische Auswertung vgl. z.B. Hengel (1961), 204-211; Ben-Shalom (1993), 252-272; dagegen Stemberger (1993).

7 Gewöhnlich versteht man den Ausdruck aus der Sicht des Talmud von seiner Ernennung zum Patriarchen anstelle von Rabban Gamaliel; die Wendung selbst könnte einfach seine Aufnahme als vollwertiges Mitglied in der Sitzung der Rabbinen bedeuten.

Dann aber stimmten unsere Meister ab (wörtlich: wurden gezählt: ורבותינו חזרו ונמנו/*we-rabbotenu chazru we-nimnu*) über Besitz, der (einer Frau) zufiel, solange sie noch nicht verheiratet war und den sie, als sie verheiratet war, verkaufte oder verschenkte, dass das nichtig ist" (tKet 8,1, Lieberman 83).

Eine Entscheidung aus der Zeit von Uscha bringt tSchebi 4,21 (Lieberman 185): „Und unsere Meister wurden dazu gezählt und entschieden in Uscha" (ורבותינו נמנו עליו ואמרו באושא/*we-rabbotenu nimnu alaw we-amru be-Uscha*), dass der Etrog zu verzehnten sei; eine Abstimmung Rabbis und seines Gerichts (רבי ובית דינו נמנו/*Rabbi u-bet dino nimnu*) in der Frage, ob ein bestimmter Ort wegen dort vermuteter Gräber unrein ist, nennt mOh 18,9. Von 32 Ältesten, deren Mehrheit in Lod etwas für rein erklärte, spricht tMiqw 7,11 (Rengstorf 285), von 24 Ältesten, die abstimmten, um einen bestimmten Ort für rein zu erklären, tOh 18,17 (Rengstorf 146).

Die Talmudim erwähnen im allgemeinen solche Mehrheitsentscheide mit Abstimmung nur in Zitaten aus Mischna und Tosefta oder in Erzählungen über die Frühzeit der rabbinischen Bewegung. Der babylonische Talmud hat in einer idealisierenden Darstellung der Frühzeit Mehrheitsentscheide in halakhischen Fragen auch schon in der grauen Vorzeit angenommen, wenn er etwa liturgische Neuerungen zum Gebet (bBer 33a) oder zur Lesung der Esterrolle (bMeg 2a) pauschal den „Männern der Grossen Versammlung" zuschreibt. Um so auffälliger ist, dass für die eigene Zeit der palästinische Talmud, und noch viel mehr dann der babylonische, Entscheidungen nicht mehr Mehrheiten in grösseren Versammlungen von Rabbinen zuschreibt, sondern Lösungen in der Diskussion einzelner Rabbinen auf Basis von Mischna und Baraita finden lässt.

3. Der Bann über Rabbi Eliezer

Wie der babylonische Talmud seine Quellen weiter entwickelt und in seinem Sinn interpretiert, sieht man deutlich in der berühmten Erzählung zum „Ofen von Akhnai" (was für ein Ofen damit genau gemeint ist, darüber sind sich schon die rabbinischen Texte nicht einig). In mKel 5,10 lesen wir nur, dass ein solcher Ofen nach Rabbi Eliezer rein ist, nach anonymer Meinung aber Unreinheit annehmen kann. In der Mischna wird darüber weiter nichts gesagt; in tEd 2,1 (Zuckermandel 457) heisst es, dass zu dieser Frage viele Streitigkeiten in Israel entstanden. Im babylonischen Talmud (bBM 59a-b) wird daraus ein Fall, in dem sich Rabbi Eliezer gegen die Mehrheitsmeinung auflehnt, sich aber auch mit Wundern oder einer Himmelsstimme (Bat Qol) nicht durchsetzen kann und schliesslich in den Bann getan wird (in bBer 19a ist es einfach ein Fall, in dem Eliezer hätte exkommuniziert werden sollen, weil er sich gegen die Mehrheitsmeinung gewehrt hat, ohne dass das explizit gesagt würde). So lesen wir in bBM 59a-b:

> Dort haben wir gelernt: Hat man (einen Ofen) in Ringe zerschnitten und Sand zwischen die einzelnen Ringe gegeben, erklärt ihn Rabbi Eliezer für rein und die Weisen erklären ihn für unrein und das ist der Ofen von Akhnai (mKel 5,10). Was bedeutet Akhnai? Es sagte Rab Jehuda, es sagte Samuel: Dass sie ihn mit Worten umgaben wie so eine Schlange (עכנא 'akhna) und ihn für unrein erklärten.
>
> Es wird gelehrt: An diesem Tag brachte Rabbi Eliezer alle Einwände vor, die es in der Welt gibt, doch sie nahmen sie von ihm nicht an. Er sagte ihnen: Wenn die Halakha ist, wie ich (es sage), möge es dieser Johannisbrotbaum beweisen. Der Johannisbaum wurde von seinem Platz entwurzelt und bewegte sich hundert Ellen weit, andere sagen vierhundert Ellen weit. Doch sie sagten zu ihm: Man bringt keinen Beweis von einem Johannisbrotbaum. Und der Johannisbrotbaum kehrte an seinen Platz zurück.
>
> Dann wieder sagte er ihnen: Wenn die Halakha ist, wie ich (es sage), möge es dieser Wasserlauf beweisen. Das Wasser floss rückwärts. Sie sagten zu ihm: Man bringt keinen Beweis von einem Wasserlauf. Und das Wasser kehrte an seinen Platz zurück.
>
> Dann wieder sagte er ihnen: Wenn die Halakha ist, wie ich (es sage), mögen es die Mauern des Lehrhauses beweisen. Es neigten sich die Mauern des Lehrhauses zu fallen.
>
> Da schrie sie Rabbi Jehoschua an und sagte zu ihnen: Wenn die Gelehrten miteinander in der Halakha wettstreiten, was habt ihr damit

zu tun? (Es wird gelehrt:) Sie fielen nicht um wegen der Ehre des Rabbi Jehoschua, richteten sich aber auch nicht wieder auf wegen der Ehre des Rabbi Eliezer, und noch immer stehen sie geneigt.

Dann wieder sagte er ihnen: Wenn die Halakha ist, wie ich (es sage), möge man es vom Himmel beweisen. Es ging eine Himmelsstimme hervor und sagte: Was habt ihr mit Rabbi Eliezer zu schaffen? Denn die Halakha ist überall wie er.

Da stellte sich Rabbi Jehoschua auf seine Füsse und sagte: *Sie ist nicht im Himmel* (Dtn 30,12). Was bedeutet: *Sie ist nicht im Himmel?* Es sagte Rabbi Jirmeja: Man achtet nicht auf eine Himmelsstimme; denn schon hast du uns auf dem Berg Sinai (die Weisung) gegeben, *sich nach der Mehrheit zu richten* (Ex 23,2).

Rabbi Natan traf Elija und fragte ihn: Was tat der Heilige, gepriesen sei er, zu dieser Stunde? Er sagte ihm: Er lachte und sagte: Meine Kinder haben mich besiegt, meine Kinder haben mich besiegt!

Man sagt: Zu dieser Stunde brachten sie alle reinen Dinge heraus, die Rabbi Eliezer für rein erklärt hatte, und verbrannten sie im Feuer. Und sie stimmten ab (ונמנו/*we-nimnu*, wörtlich: und sie wurden gezählt) und ,segneten' (Umschreibung für: verfluchten, bannten) ihn. Und sie sagten: Wer wird gehen und ihn informieren? Es sagte ihnen Rabbi Aqiba: Ich werde gehen und ihn informieren, damit nicht jemand Ungeeigneter geht und ihn informiert und er die Welt vernichtet.

Was tat er? Er kleidete sich in Schwarz, hüllte sich in Schwarz und zog seine Schuhe aus und ging und setzte sich vier Ellen entfernt hin und seine Augen strömten von Tränen über. Es sagte (Rabbi Eliezer) zu ihm: Aqiba, was ist heute anders als sonst? Er antwortete: Mir scheint, deine Kollegen haben sich von dir getrennt. Da strömten auch seine Augen von Tränen über; er zog seine Schuhe aus, hielt sich fern und setzte sich auf den Boden.

Die Welt wurde geschlagen, ein Drittel an Weizen, ein Drittel an Oliven, ein Drittel an Gerste; und manche sagen, auch der Teig in der Hand einer Frau quoll auf.

Und auch Rabban Gamaliel kam auf einem Schiff. Eine Meereswoge erhob sich, ihn zu versenken. Er sagte: Mir scheint, das ist nur wegen (Rabbi Eliezer) Ben Hyrkan. Er stand auf und sagte: Herr der Welt, offen und bekannt ist vor dir, dass ich nicht wegen meiner Ehre gehandelt habe, nicht wegen der Ehre meiner Familie gehandelt habe, sondern um deiner Ehre willen, damit nicht viele Streitfragen in Israel entstehen! Sofort beruhigte sich das Meer von seinem Wüten.[8]

Die lange Erzählung endet damit, dass die mit Eliezer verheiratete Schwester Gamaliels ihren Mann eines Tages aus Unaufmerksamkeit nicht von seinem Klagegebet abhält, und als Folge davon stirbt Rabban Gamaliel. Der Bann gegen Eliezer bleibt somit für Gamaliel, auch wenn er auf dem Meer gerettet wurde, nicht ohne Folgen. Nur erwähnt sei, dass im ersten Teil der Erzählung Gamaliel mit dem Bann überhaupt nicht in Verbindung gebracht wird. Die ganze Erzählung ist aus verschiedenen Teilen zusammengesetzt und fügt aus verschiedensten Traditionselementen eine komplexe Erzählung, die an einem Beispiel aus den rabbinischen Anfängen wesentliche Elemente der korrekten Findung der Halakha und wie man dabei nicht vorgehen soll, abhandelt. Geschichtlich ist die Erzählung in keiner Weise zu verwenden, zeigt aber deutlich die Werte der babylonischen Rabbinen: Nicht Wunder oder himmlische Zeichen bestimmen den rabbinischen Diskurs, allein Argumente sollen zählen und nicht die Berufung auf eine weitere Offenbarung; die Tora ist nicht mehr *im Himmel* (Dtn 30,12), sondern dem menschlichen Studium überantwortet. Die enge Berufung auf die Mehrheitsentscheidung erweist sich da als Sackgasse, und der Bann über einen Gelehrten, der sich dagegen auf seine eigene Meinung beruft, kann nur Unheil bewirken, auch wenn man sich noch so sehr auf höhere Motive, wie die Einheit Israels und die höhere Ehre Gottes, beruft. Die freie Diskussion unter gleichberechtigten Gelehrten und die Überzeugungskraft ihrer Argumente allein können die Halakha entwickeln; die Blossstellung eines Vertreters einer Minderheitsmeinung kann nicht ohne Folgen bleiben.[9]

---

8 Übersetzung nach MS München 95. Eine viel kürzere Fassung mit anderen Tendenzen bringt pMQ 3,1,81d im Rahmen einer Reihe von Erzählungen über Leute, denen der Bann gebührt hätte. Gamaliel kommt in dieser Fassung der Erzählung nicht vor.

9 Aus der Fülle von Studien zu diesem Talmudtext vgl. v.a. die neuen Analysen von Boyarin (2005) und Steinmetz (2005).

4. Die Bedeutung von Minderheitsmeinungen

Doch kommen wir noch einmal auf die frühe Zeit zurück. Schon für die Mischna stellt sich die Frage, warum man Minderheitsmeinungen aufbewahren solle, wenn doch die Mehrheitsmeinung gilt. Der Traktat Edujot erwähnt zu Beginn in drei halakhischen Fragen je unterschiedliche Meinungen Hillels und Schammais und dazu jeweils die Entscheidung der Weisen, dass weder die Worte des einen noch die des anderen gelten, sondern die Halakha anders zu entscheiden sei. Darauf stellt die Mischna die grundsätzliche Frage:

Und warum erwähnt man die Worte Schammais und Hillels, nur um sie für nichtig zu erklären? Um die kommenden Generationen zu lehren, dass kein Mensch auf seinem Wort bestehen soll; denn siehe, sogar die Väter der Welt bestanden nicht auf ihren Worten.

Und warum erwähnt man die Worte eines Einzelnen zusammen mit der (Meinung der) Mehrheit, wenn doch die Halakha nur wie die Worte der Mehrheit ist? Für den Fall, dass ein Gericht die Worte des Einzelnen (als richtig) ansieht und sich darauf stützt; denn kein Gericht kann die Worte eines anderen Gerichts für nichtig erklären, sofern es nicht grösser als dieses ist an Weisheit und an Zahl: Ist es grösser als dieses an Weisheit, aber nicht an Zahl, an Zahl, aber nicht an Weisheit, kann es dessen Wort nicht aufheben, bis es grösser als dieses sowohl an Weisheit und an Zahl ist.

Es sagte Rabbi Jehuda: Wenn es so ist, warum erwähnt man dann die Worte eines Einzelnen zusammen mit denen der Mehrheit, nur um sie für nichtig zu erklären? Für den Fall, dass jemand sagt: So ist mir überliefert worden, damit man ihm antworten kann: Aus den Worten dieses bestimmten Mannes hast du es gehört (mEd 1,4-6).

Die Mischna (und auch die spätere Tradition) überliefert gewöhnlich die Mehrheitsmeinung – bzw. das, was die Redaktion als solche durchsetzen will, indem es ohne Tradentennennung angeführt oder den „Weisen" schlechthin zugeschrieben wird und Einzelmeinungen dagegen namentlich abgesetzt werden. Im allgemeinen hat die Redaktion der

Mischna sich damit durchgesetzt. Doch hat sie selbst ein Korrektiv offen gelassen: Ein späterer rabbinischer Gerichtshof, der zahlenmässig und an Weisheit einem früheren Gericht überlegen ist, kann dessen Urteil revidieren. Es ist leicht, die grössere Zahl festzustellen, sofern die Teilnehmerzahl eines früheren Gerichts überliefert ist; man denke in diesem Zusammenhang an die Aussagen von Mischna und vor allem Tosefta, die genaue Zahlen der an einer Entscheidung Beteiligten nennen! Doch wie sollte man je die Behauptung wagen, das eigene Gremium sei einem früheren an Weisheit überlegen, wo man doch allgemein frühere Generationen höher einschätzt als die eigene Zeit?! Da sieht man sehr schnell, dass die theoretische Möglichkeit der Revision immer problematisch und bestreitbar bleibt. Eine andere, in rabbinischen Texten oft angewandte Strategie ist es, gegen die anonyme Position der Mischna zu argumentieren, indem man den Nachweis führt, welcher einzelne Gelehrte dahinter steht, womit der anonyme Satz wieder als Einzelmeinung zählt und sein grosses Gewicht verliert. Man braucht einfach eine gewisse Flexibilität, um gewachsene halakhische Bräuche in verschiedenen Regionen unterbringen zu können, zugleich aber auch spätere Entwicklungen zu ermöglichen. Die Durchsetzung der mischnaischen Halakha ist weithin auch die Geschichte ihrer Auslegung; durchaus nicht in allen Punkten ist die Position der Mischna die geltende Halakha geworden.

5. Der Bann über Aqabja ben Mahalalel

Der Traktat Edujot fährt mit der Darlegung verschiedener halakhischer Positionen vor allem der Schulen Hillels und Schammais fort und nennt auch Fälle, in denen die Schule Hillels sich nachträglich der Schule Schammais angeschlossen habe (1,12-14), sowie Fälle, in denen die Schule Schammais erleichtert, die Schule Hillels erschwert (4,1-5,5). Daran schliesst sich der für unseren Zusammenhang höchst relevante Abschnitt über Aqabja ben Mahalalel an:

> (A) Aqabja ben Mahalalel bezeugte vier Dinge. Sie sagten zu ihm: Aqabja, ändere deine Meinung (חזור בך/*chazor bakh*, „wende dich um") in den vier Dingen, die du gesagt hast, und wir machen dich zum

Gerichtsvorsitzenden (אב בית דין/*ab bet din*, „Vater des Gerichts"). Er antwortete ihnen: Es ist besser für mich, all meine Tage ein Dummkopf genannt zu werden, als dass ich auch nur eine Stunde ein Frevler werde vor Gott (המקום/*ha-maqom*, „dem Ort"). Man soll nicht sagen: Wegen des Amtes hat er seine Meinung geändert.
[...][10]
Und sie bannten ihn, und er starb in seinem Bann und das Gericht steinigte seinen Sarg.

(B) Es sagte Rabbi Jehuda: Gott bewahre, dass Aqabja gebannt worden sein soll! Denn hinter keinem Menschen aus Israel voll Weisheit und Sündenfurcht wie Aqabja ben Mahalalel wird der Tempelvorhof geschlossen. Wen bannten sie dann? Rabbi Eliezer ben Chanokh, der die Reinigung der Hände bezweifelte. Und als er starb, liess das Gericht einen Stein auf seinen Sarg legen, um dich zu lehren, dass bei jedem, der gebannt wird und in seinem Bann stirbt, man seinen Sarg steinigt.

(C) Und in der Stunde seines Todes sagte er (Aqabja) zu seinem Sohn: Mein Sohn, ändere deine Meinung in den vier Dingen, die ich gesagt habe. Er sagte ihm: Und du, warum hast du deine Meinung nicht geändert? Er antwortete ihm: Ich habe aus dem Mund einer Mehrheit gehört und sie haben aus dem Mund einer Mehrheit gehört. Ich bestand auf dem, was ich gehört habe, und sie bestanden auf dem, was sie gehört haben. Du aber hast aus dem Mund eines Einzelnen gehört und aus dem Mund einer Mehrheit. Besser ist es, die Worte eines Einzelnen zu verlassen und die Worte der Mehrheit festzuhalten. Er sagte zu ihm: Vater, empfiehl mich deinen Kollegen! Dieser aber sagte: Ich empfehle nicht. Da sagte er (der Sohn): Hast du denn Unrechtes an mir gefunden? Nein, antwortete er, doch deine Taten mögen dich nahebringen und deine Taten dich entfernen (mEd 5,6-7).

Die nächsten Kapitel des Traktats fahren fort, von verschiedenen Rabbinen bezeugte halakhische Entscheidungen zu sammeln, wie schon

---

10 Darstellung der vier Lehren Aqabjas in Fragen der Reinheit, eines erstgeborenen Tieres und bezüglich des Bitterwassers (Num 5,16ff).

vor der Erzählung über Aqabja die Bezeugung von Lehren (daher der Name des Traktats: Edujot, „Zeugnisse, Bezeugungen") das Wesensmerkmal des Traktats war. Der Traktat endet mit einer Aussage Rabbi Jehoschuas, die dieser über Jochanan ben Zakkai und dessen Lehrer bis auf eine Halakha an Mose am Sinai zurückführt: Elija werde nicht kommen, für rein und unrein zu erklären, zu entfernen und nahezubringen. Rabbi Jehuda dagegen meint, Elija komme, nahezubringen, nicht aber zu entfernen, Rabbi Simeon, er komme, Meinungsverschiedenheiten auszugleichen. Die Weisen wieder sagen, weder nahezubringen noch zu entfernen komme er, sondern Frieden zu bringen (Berufung auf Mal 3,23f).[11]

Das hier mehrfach betonte Motiv des Nahebringens und Entfernens greift die Aussage Aqabjas an seinen Sohn auf; der endzeitliche Ausgleich der Meinungsverschiedenheiten und das Friedenbringen könnten ebenfalls auf diese Erzählung zurück verweisen, deren Problematik ja schon im Text selbst deutlich wird: Der Einschub im Namen des Rabbi Jehuda (B) leugnet ja nicht nur, dass Aqabja je gebannt wurde – eine weitere Glosse ersetzt ihn durch einen sonst unbekannten Namen – , sondern nimmt auch an der Steinigung des Sarges Anstoss und mildert sie so ab, dass man nur einen Stein auf den Sarg legt.

Während mEd 1,4-6 die Wichtigkeit betont, auch abweichende Meinungen zu überliefern, damit sie in der Zukunft mögliche Grundlage einer eventuellen Revision der Halakha sind, wird im Fall Aqabjas das Festhalten an seiner Meinung mit dem Bann geahndet. Warum dies so ist, geht aus dem Text nicht klar hervor; die abweichenden Positionen betreffen Fragen von nur geringer Bedeutung, die ersten drei davon sind an anderer Stelle in der Mischna zitiert (mNeg 5,3; mNid 2,6; mBek 3,4), ohne dass sie problematisiert würden. Die späteren Rabbinen haben Mühe, den Bann gegen Aqabja zu erklären. In bBer 19a wird Aqabja unter jenen aufgezählt, die wegen mangelnder Ehrfurcht gegenüber ihren Lehrern gebannt wurden; dem hier zitierten Ausschnitt aus mEd 5 kann man entnehmen, dass es um die vierte abweichende Meinung Aqabjas geht, dass man eine freigelassene Sklavin nicht dem Test mit dem

---

11 Vgl. Steinmetz (2002), 55-68, zur Zentralität der Aqabja-Episode im Aufbau von mEd.

Bitterwasser unterwerfe. Auf den Einwand, Schemaja und Abtaljon hätten das sehr wohl einmal in Jerusalem getan, antwortet Aqabja: דוגמא השקוה/*dugma hischquha*, wobei nicht ganz klar ist, was *dugma* (von griech. δόγμα, „Verfügung, Erlass") im Kontext bedeutet – „sie haben sie als einen *Beispielfall* trinken lassen" oder „sie haben sie (nur) *etwas Ähnliches* trinken lassen". Wie auch immer, allein die Tatsache, dass er die Erzählung über den Präzedenzfall nicht als Beweis annimmt, kann kaum ein Grund für den dann unvermittelt folgenden Bann sein. In bSanh 88a meint man überhaupt in der Diskussion über den Ältesten, der sich der Entscheidung des Gerichts widersetzt und dafür hingerichtet wird (mSanh 10,2), das sei auch auf Aqabja anzuwenden (dann ist aber der Bann nicht die geeignete Antwort!) – man habe ihn nur nicht hingerichtet, weil er seine Meinung nicht als הלכה למעשה/*halakhah le-ma'aseh*, als in der Praxis anzuwendende Halakha vorgetragen habe, sondern nur als theoretische Möglichkeit. Aus mEd ist dergleichen nicht zu entnehmen. Völlig ohne Halt ist die gelegentlich geäusserte Meinung, Grund des Banns seien in Wirklichkeit Aqabjas gnostisierende Tendenzen, die man aus mAbot 3,1 herauslesen möchte: „Betrachte drei Dinge und du wirst nicht in Sünde fallen. Wisse, woher du kommst und wohin du gehst und vor wem du Rechenschaft geben wirst...". Aqabja wird hier als Meister zitiert, dessen grosse Frömmigkeit im Vordergrund steht, wie das auch in mEd 5 der Fall ist. Von seiner Exkommunikation weiss man in der tannaitischen Tradition nur an dieser Stelle (und sogar hier wird sie bezweifelt) und in SNum 105 (ed. Horovitz 103), wo sie bestritten wird: „Jeder wird in Zukunft Rechenschaft ablegen müssen, der sagt: Aqabja ben Mahalalel wurde gebannt". Man kann Anthony Saldarini zustimmen, der diese Stelle mit bBM 59b, dem Bann gegen Rabbi Eliezer vergleicht und feststellt:

> „In both, the stories seem to be literary constructs. They do not seem probable historically, and they do not manifest a consistent pattern of rabbinic discipline and practice. Rather they are used to make a larger point. Some historical conflict may underlie the tradition about Akabya, but it is not recoverable. The editors of the Mishnah used Akabya for their own purposes and tightly control the presentation of traditions concerning him. They are concerned with uniting dissident views into a

working and harmonious whole and with establishing proper authority to maintain the law."[12]

mEd 5 betont die grosse Spannung zwischen der Treue zu dem, was man für richtig erkannt hat, auch wenn das für einen schwere negative Folgen haben kann – in diesem Fall den Bann, der über den Tod hinaus wirkt, wenn sogar noch der Sarg gesteinigt wird. Auch die Verlockung eines Führungsamtes im Rabbinat kann Aqabja nicht von seiner Position abbringen. Dem steht aber gegenüber, was Aqabja auf seinem Sterbebett zu seinem Sohn sagt: Dieser solle nicht an der Meinung seines Vaters festhalten, welche nur für den Vater selbst gelte, der sich dabei auf seine Tradition berufen kann; der Sohn dagegen hätte nur die Tradition seines Vaters, also eines Einzelnen, gegenüber der Tradition der grösseren Gemeinschaft, in die er sich eingliedern soll. Damit wird die eigene Meinung relativiert – sie bindet nicht andere, auch nicht den eigenen Sohn; sie bleibt das rein persönliche Gewissen, ohne den geringsten Anstrich der Rechthaberei. Es ist der (fast idealisierte) Versuch des Ausgleichs zwischen der Treue zu dem, was man als richtig verstanden hat, und der Einbindung in die grössere Gemeinschaft. Hier ist nochmals auf den Satz Aqabjas in mAbot 3,1 zurückzukommen, dessen zentrale Stellung im Traktat ohne den geringsten Hinweis auf seinen Bann viele irritiert hat. Devora Steinmetz hat in einem sehr anregenden Aufsatz die Stellung Aqabjas in mEd und mAbot verglichen und herausgearbeitet, dass in beiden Traktaten in je verschiedener Form die Frage nach der Einheit der Gemeinde zentral ist. Beide Traktate könnten als je eigene Epiloge auf die gesamte Mischna verstanden werden. Während mEd am Beispiel Aqabjas „the problems of rupture, fragmentation, and exclusion" darstelle, die zu überwinden die Mischna zusammengestellt wurde, sei mAbot

„ […] a sort of epilogue to the epilogue – a response or counterpoint to the problems set out in *m. 'Eduyyot* as underlying the development of the Mishnah. *M.'Abot* responds by constructing an alternative vision of

---

12 Saldarini (1982), 551. Zur Stelle und übergreifend zur hier besprochenen Problematik vgl. auch Fish (1994), 71-78 und passim.

community and Torah that denies a place to rupture, fragmentation, and exclusion. These two tractates, then, stand in counterpoint to each other, offering portraits of a real and imagined community and seeking ways to construct a community bound by Torah and inclusive of all who want to belong."[13]

Sicher sind damit zwei wichtige Züge der beiden Traktate gut gekennzeichnet. mEd als Epilog zur Mischna zu charakterisieren funktioniert nur, wenn man zugleich auch erklären kann, warum dann der Traktat für den grössten Teil seiner Traditionen nichts Neues bringt, was nicht schon in den anderen Traktaten an thematisch passenderer Stelle gesagt worden wäre. Wollte man jedoch mit der Möglichkeit rechnen, dass ein früherer Text, wie alt auch immer er sein mag, in einer späteren Redaktion diesem Anliegen dienstbar gemacht worden sei, wäre das ein plausibler Vorschlag; denn tatsächlich wirken nicht nur die Geschichte Aqabjas, sondern auch die Frage nach der Aufzeichnung der abgelehnten Meinungen in 1,4-6 und ebenso dann der Schluss des Traktats[14] spät und gleichsam als Rückblick auf das Unternehmen der Mischna. Noch mehr gilt das aber auch von mAbot, das dem Thema möglicher Streitigkeiten um die Halakha weithin aus dem Weg geht und die Einheit der überlieferten Tora vom Sinai in den Vordergrund rückt.

6. Zum Schluss – in talmudischer Zeit und bis heute

Nach der tannaitischen Zeit scheint das Problem von Einzelmeinung und Mehrheit nicht mehr so aktuell zu sein; es wird in den Talmudim immer nur an den Beispielen der Tannaiten abgehandelt. Auch wissen die Texte nichts von späteren grossen rabbinischen Versammlungen, die mehrheitlich Entscheidungen getroffen hätten. Die Entscheidungsfindung ist nunmehr offenbar in die Auslegung der Vorgaben von Mischna, Tosefta und anderen Positionen der Frühzeit verlegt, wo jeder einzelne

---

13 Steinmetz (2002), 90f.
14 Steinmetz (2002), 90, Anm. 123, verweist zu Recht darauf, dass der Abschluss des Traktats mit dem letzten Satz von Maleachi und damit des Prophetenkanons, diesen Epilogcharakter des Traktats für die ganze Mischna unterstreichen könnte.

Rabbi aus der Kraft seiner Argumente versuchen kann, sich durchzusetzen. Auch fällt auf, dass man schon bald nicht mehr weiss, was die
Entscheidung der Halakha in der Mischna ist, sodass die Geonim Regeln
aufstellen müssen, nach denen man die Mehrheitsmeinung in den rabbinischen Texten erkennen kann. In den grossen Linien hat sich eine weitgehend gemeinsame Halakha etabliert, wie sie dann auch in den verschiedenen Halakha-Kompendien beginnend von den Halakhot Pesuqot
und den Halakhot Gedolot bis hin zum Schulchan Arukh und seinen
Kommentaren niedergelegt ist. Doch zeigt gerade der Schulchan Arukh,
welche Bandbreite an Halakha noch möglich ist und wie erst durch die
Mappat ha-Schulchan des Moses Isserles dieser Kodex auch für die
aschkenasische Welt annehmbar wurde. Die Spannung zwischen Mehrheitsmeinung und Einzelurteil bleibt bis heute unaufgelöst, auch wenn
schon seit spättalmudischer Zeit und vor allem dann im Mittelalter der
Akzent immer mehr auf der eigenen Meinung liegt.[15] Die im 19. Jh. in
Deutschland zahlreich abgehaltenen Synoden zur Abstimmung der
innerjüdischen Reform ergaben zwar eine gewisse Vereinheitlichung, wie
sie auch spätere Rabbinerkonferenzen immer wieder anstrebten. Diese
Rabbinerversammlungen gaben Richtungen vor, ohne letztgültige Ver-
bindlichkeit beanspruchen zu können. Das Recht auf ein eigenes Urteil
bleibt im Grunde unangetastet, auch wenn natürlich die Verwurzelung in
der Tradition und auch in den Traditionen der jeweiligen Gemeinschaft
nach wie vor ein wichtiges Korrektiv bleibt.

---

15 Vgl. dazu v.a. Sagi (1994).

Literatur

BEN-SHALOM, Israel: The School of Shammai and the Zealots' Struggle against Rome (h), Jerusalem 1993.

BÖRNER-KLEIN, Dagmar: Rabbinische Texte. Tannaitische Midraschim. Sifre zu Numeri. Übersetzt und erklärt, Stuttgart u.a. 1997.

BOYARIN, Daniel: The Yavneh-Cycle of the Stammaim and the Invention of the Rabbis, in: Creation and Composition. The Contribution of the Bavli Redactors (Stammaim) to the Aggada, ed. Jeffrey L. Rubenstein (TSAJ 114), Tübingen 2005, 237-289.

FISH, Menachem: Rational Rabbis. Science and Talmudic Culture, Bloomington, IN, 1997.

GOODBLATT, David: The monarchic principle: studies in Jewish self-government in antiquity (TSAJ 38), Tübingen 1994.

HEGER, Paul: The Pluralistic Halakhah. Legal Innovations in the Late Second Commonwealth and Rabbinic Periods (SJ 22), Berlin/New York 2003.

HENGEL, Martin: Die Zeloten. Untersuchungen zur jüdischen Freiheitsbewegung in der Zeit von Herodes I. bis 70 n. Chr. (AGJU 1), Leiden 1961.

JACOBS, Martin: Die Institution des jüdischen Patriarchen. Eine quellen- und traditionskritische Studie zur Geschichte der Juden in der Spätantike (TSAJ 52), Tübingen 1995.

LIEBERMAN, Saul: The Tosefta, New York 1955-88.

RENGSTORF, Karl Heinrich: Rabbinische Texte, Reihe 1: Die Tosefta, Stuttgart 1960ff.

SAGI, Avi: „Both are the Words of the Living God": A Typological Analysis of Halakhic Pluralism, HUCA 65 (1994), 105-136.

SALDARINI, Anthony J.: The adoption of a dissident: Akabya ben Mahalaleel in rabbinic tradition, JJS 33 (1982), 547-556.

STEINMETZ, Devora: Distancing and bringing near: a new look at Mishnah Tractates 'Eduyyot and 'Abot, HUCA 73 (2002), 49-96.

STEINMETZ, Devora: Agada Unbound. Inter-Agadic Characterization of Sages in the Bavli and Implications for Reading Agada, in: Creation (wie oben zu Boyarin), 293-337.

STEMBERGER, Günter: Pharisäer, Sadduzäer, Essener (SBS 144), Stuttgart 1991.

STEMBERGER, Günter: Il contributo delle baraitot babilonesi alla conoscenza storica della Palestina prima del 70 d.C. In: Il Giudaismo palestinese: dal I secolo a.C. al I secolo d.C., ed. P. Sacchi (AISG, Testi e Studi 8). Bologna 1993, 213-229.

ZUCKERMANDEL, Moses Samuel: Tosefta, Pasewalk 1880 (Nachdruck: Jerusalem 1937).

Midrasch – Verknüpfung von Vers und Deutung
(Susanne Plietzsch)

1. Einleitung: Schriftvers und Midrasch

Der phantastische und surreale Charakter des rabbinischen Midrasch, seine gewagten und das neuzeitliche logozentrische – an eindeutigen und nachvollziehbaren Aussagen orientierte – Denken irritierenden Bibellektüren rufen oft Begeisterung,[1] zuweilen aber auch eine gewisse Abwehr hervor. Ist das, was hier geschieht, vom biblischen Literalsinn her gesehen überhaupt „erlaubt"?[2] Die Frage nach der Differenz zwischen Vers und rabbinischer Deutung ist mehr als berechtigt, jedoch wird man den paradoxen und provokativen Momenten des Midrasch wohl nicht gerecht, wenn man ihn als Suche nach einer historischen Stufe der Textbedeutung versteht; insofern überzeugt eine wertende Gegenüberstellung des Midrasch mit dem oder einem biblischen Literalsinn in keiner Weise. Auf die Frage, was Midrasch ist, stehen verschiedene Antwortmöglichkeiten bzw. Kombinationsmöglichkeiten von Antworten zur Verfügung: Das Genre Midrasch wurde und wird als ein

---

1 Vgl. zum Thema des Logozentrismus Stern (1996), 15-38, und die Diskussion dazu bei Boyarin (2002) passim, vgl. auch ders. (1990), 37-38. Stern benennt neben der Hochschätzung der Polysemie des Midrasch als (angebliche) Alternative zu einem logozentristischen Denken vor allem auch den „grenzüberschreitenden" Charakter des Midrasch als das, was postmoderne Intellektuelle faszinierte: „[...], the transgressive character of midrash – the nonchalance with which it consistently violates the boundaries between text and commentary – was certainly one source of the powerful fascination that midrash commanded among poststructural theorists" (1996, 4). Zur Hochschätzung des Midrasch (als Methode) innerhalb der feministischen Bewegung vgl. Fonrobert (2006).

2 Wenn hier und im Folgenden vom „Literalsinn" eines biblischen Verses die Rede ist, so bin ich mir bewusst, dass dieser niemals eindeutig ist, und nicht ausschliesslich an der Textoberfläche erhoben werden kann, wie z.B. Gen 9,6 zeigt (vgl. unten, Abschnitt 1.2). Dennoch existiert das Problem der inhaltlichen Diskrepanz zwischen Vers und Midrasch (vgl. den Aufsatz Abraham Geigers „Das Verhältniß des natürlichen Schriftsinnes zur talmudischen Schriftdeutung", auf den später noch Bezug genommen werden soll).

literarisch-poetisches Geschehen,[3] als eine historische Form der Exegese,[4] als Predigt bzw. Tröstung und Erbauung,[5] als Standortfindung und Apologie[6] oder als eine bestimmte Art und Weise des Diskurses, also als ein eher philosophisch-rhetorisches oder sogar ethisches Geschehen verstanden.[7]

In diesem Aufsatz geht es mir darum, Aspekte dessen zu beschreiben, wie Texte der Gattung Midrasch literarisch „funktionieren" und die ihnen eigene Faszination auslösen. Ich möchte dabei vor allem auf das Thema der Verknüpfung von Schrifttext und Deutung eingehen, die, wenn auch jeweils sehr unterschiedlich realisiert, jedem einzelnen Midrasch, ob aggadisch oder halachisch, eigen ist. Davon ausgehend werde ich nach verschiedenen Möglichkeiten, die sich aus der formalen Kombination dieser beiden Textstränge ergeben können, fragen, sowie nach der Beziehung, die auf diese Weise zwischen den Midraschautoren und ihren Leserinnen und Lesern entsteht. Ein besonders wichtiger Gesichtspunkt scheint mir dabei die Reflexion der Differenz zwischen Vers und Midrasch durch die Midraschautoren selbst zu sein.[8] Waren sie

---

3 Maimonides, More nebuchim III,43 (zit. bei I. Heinemann [1954], 2 u.ö.; Boyarin [1990], 1).

4 Vgl. z.B. die zusammenfassenden Artikel von Porton (1979, 2005)

5 Zunz (1832), J. Heinemann (1986).

6 Vgl. z.B. Neusner (1987); im Sinne einer Selbstverortung der Rabbinen würde ich an dieser Stelle auch Neusners These zum Midrasch Sifra anführen (Neusner 1990): dass dessen Programm sei, die eher unabhängig von der Schrift vorgetragenen Konzepte der Mischna an die Schrift rückzubinden (dagegen argumentiert Reichman, 1998).

7 Dafür steht beispielsweise die Rezeption von Teilen rabbinischer Literatur im Werk von Emmanuel Lévinas.

8 Die Frage nach dem „exegetischen Bewusstsein" der Vertreter der rabbinischen Bewegung wurde klassisch von Abraham Geiger gestellt (1844). Geiger bewertete die Selbstreflexion der Verfasser von Mischna und Talmud freilich kritisch, indem er die Frage, „inwiefern in ihnen eine Ahnung von einem natürlichen Schriftsinne vorhanden war und wie sie diese exegetische Ansicht mit der theologischen einigten" letztendlich verneinte und den rabbinischen Gelehrten (wie auch einigen seiner Zeitgenossen!) einen „höchst getrübten exegetischen Sinn" unterstellte (1844, I 55,81). Geiger sprach sich entschieden gegen eine „rationalistische Sicht" aus, der zufolge „die Deutungen des Thalmuds nicht ernstlich gemeint sind" (II, 234). Explizit und implizit setzte sich Isaak Heinemann mit dieser Position auseinander: In „Altjüdische Allegoristik" (1935) sprach er bereits von einem „seltsamen

sich bewusst, dass sie eine den Literalsinn transzendierende Aussage präsentierten, und bringen sie dieses Bewusstsein sogar zum Ausdruck? Die äusserst subtile und mehrdeutige Haltung, die sie in diesem Zusammenhang erkennen lassen, macht m.E. die Originalität des klassischen rabbinischen Midrasch ganz wesentlich aus. Im Folgenden möchte ich anhand von vier Textlektüren auf unterschiedliche literarische Strategien des Midrasch eingehen.

2. Die „Vorgeschichte" eines Verses: GenR 38,13

Ein literarisches Verfahren, das im Midrasch gelegentlich Verwendung findet, ist die Einarbeitung von legendenhaftem Material in die Bibelinterpretation. Diese erzählerischen Stoffe werden dabei anhand bestimmter metasprachlicher Phänomene zu einem biblischen Vers in Beziehung gesetzt. Im vorliegenden Beispiel – GenR 38,13 – dient eine Abrahamüberlieferung dazu, dem Vers Gen 11,28 zusätzlichen theologischen Sinn zu verleihen bzw. ihn überhaupt als Schriftvers in der vorliegenden Wort- und Buchstabengestalt zu legitimieren:

2.1. Text: GenR 38,13[9]

וַיָּמָת הָרָן עַל־פְּנֵי תֶּרַח אָבִיו [בְּאֶרֶץ מוֹלַדְתּוֹ בְּאוּר כַּשְׂדִּים:]

Und Haran starb im Angesicht Terachs, seines Vaters, [in seinem Heimatland, in Ur Kasdim] (Gen 11,28).

Rabbi Chija, Sohn des Sohnes des Rabbi Ada aus Jafo, sagte:

Schwebecharakter der rabbinischen Exegese zwischen Ernst und Scherz" (78), den er von ihren volkstümlichen Einflüssen her erklärte (81 u.ö.). In „Darkhe ha-agada" (1954) konsolidierte er diese Ansicht, indem er einen künstlerischen und kreativen Charakter der rabbinischen Aggada betonte, ihr aber dennoch zugestand, auf dieser Ebene den Sinn bestimmter biblischer Aspekte zu erfassen (z.B. bezüglich der Gestalt des Abraham, 39).

9 Übersetzung und Gliederung des Textes hier und im Folgenden von der Verf. (Textgrundlage Midrasch Rabba: Ausgabe Mirkin).

A. Terach war ein Hersteller von Götterfiguren (עובד צלמים / *ʿobed ʒelamim*).[10] Einmal ging er auf Reisen und liess den Abraham an seiner Stelle verkaufen. Da kam ein Mann und wollte kaufen. Er (Abraham) sprach zu ihm: „Wie viele Jahre bist du alt?" Als er antwortete: „fünfzig oder sechzig Jahre", sprach Abraham zu ihm: „Wehe über diesen Mann, der sechzig Jahre alt ist, und sich vor einem verneigen will, der einen Tag alt ist!" Da schämte er sich und ging. Einmal kam eine Frau und trug einen Teller mit Griess. Sie sprach zu ihm: „Geh' und opfere es vor ihnen!" Er (Abraham) stand auf, nahm einen Stock in seine Hand, zerschlug alle Bildwerke und gab den Stock in die Hand des Grössten von ihnen. Als sein Vater zurückkam, sprach er zu ihm: „Wer hat ihnen das getan?" Abraham antwortete: „Wie kann ich bei dir Vergebung finden? Da kam eine Frau und brachte einen Teller mit Griess und sprach zu mir: Geh' und opfere es vor ihnen! Ich opferte es vor ihnen, da sprach dieser: Ich esse als Erster!, und jener sprach: Ich esse als Erster! Da stand dieser Grösste unter ihnen auf, ergriff einen Stock und zerschlug die anderen." Er (Terach) sprach zu ihm: „Was erzählst du mir für Lügengeschichten – können sie das denn?" Er (Abraham) sprach zu ihm: „Deine Ohren mögen nicht hören, was dein Mund sagt!"

B. Er (Terach) ergriff ihn und brachte ihn vor Nimrod. Der sprach zu ihm: „Wir wollen uns vor dem Feuer verneigen (נסגוד לנורא / *nisgud le-nura*)!" Da sprach Abraham zu ihm: „Wir wollen uns vor dem Wasser verneigen, das das Feuer löscht!" Da sprach Nimrod zu ihm: „Wir wollen uns vor dem Wasser verneigen!" Er (Abraham) antwortete: „Wenn es so ist, wollen wir uns vor der Wolke verneigen, die das Wasser in sich trägt!" Er (Nimrod) sprach zu ihm: „Wir wollen uns vor der Wolke verneigen!" Er (Abraham) sprach zu ihm: „Wenn es so ist, wollen wir uns vor dem Wind verneigen, der die Wolke zerstreut!" Er (Nimrod) sprach zu ihm: „Wir wollen uns vor dem Wind verneigen!" Er (Abraham) sprach zu ihm: „Dann wollen wir uns vor dem Menschen verneigen, der

---

10 Die hebräische Bezeichnung lässt zusätzlich die Assoziation „Götzendiener" aufkommen.

Wind(hauch) mit sich trägt (דסבל רוחא/*de-sabel rucha*)[11]!" Nimrod sprach zu ihm: „Du redest Unsinn – ich verneige mich nur vor dem Feuer (לאור/*la-ur*), und in das werde ich dich werfen; soll doch dein Gott kommen, vor dem du dich verneigst, und dich aus ihm retten."

C. Da stand Haran und war gespalten. Er sprach: „Was soll ich tun? Wenn Abraham siegt, werde ich sagen: Ich gehöre zu Abraham. Und wenn Nimrod siegt, werde ich sagen: Ich gehöre zu Nimrod." Als Abraham in den Feuerofen hinabstieg und gerettet wurde, fragte man Haran: „Zu wem gehörst du?" Er sprach zu ihnen: „Ich gehöre zu Abraham". Sie nahmen ihn und warfen ihn ins Feuer. Da brannten seine Eingeweide; er ging hinaus und starb im Angesicht Terachs, seines Vaters.

Das ist es, was geschrieben steht: *Und Haran starb im Angesicht Terachs, seines Vaters (in seinem Heimatland, in Ur der Chaldäer).*

2.2. Argumentationsstruktur

Die Abschnitte A und B stellen eine eingängige und gut verständliche Geschichte dar. Sie sind im Kontext ähnlicher Legenden zu sehen, die ebenfalls den Konflikt zwischen Terach und Abraham als Konflikt zwischen Idolatrie und Monotheismus thematisieren bzw. Abraham in der politisch-theologischen Auseinandersetzung mit Nimrod zeigen.[12] Sie vermitteln die Aussage: Abraham weiss, dass es nur einen Gott gibt, er handelt diesem Wissen entsprechend, lässt sich persönlich dabei behaften und kann die – für die Tradenten dieser Stoffe auf der Hand liegende

---

11 Bei dem Begriff רוח/*ruach* klingt neben „Wind" auch die Bedeutung „Geist" an, die menschliche Person als Trägerin des Geistes steht am Ende der Auseinandersetzung Abrahams mit Nimrod (vgl. Anm. 46).

12 Vgl. Jub XI,16-XII,14; ApkAbr I-VII; AntBibl VI,16-18. Feldman (1968), 143-156, weist darauf hin, dass in den AntJud wie in ApkAbr und Jub wie auch in GenR 38,13 der Gedanke, dass Abraham durch eigenes rationales Erwägen zum Monotheismus gekommen sei, mitgeteilt werde und betont die Bedeutung dieser Übereinstimmung, besonders angesichts dessen, dass Josephus sonst selten Parallelen zu rabbinischen Stoffen aufweist. Diese Sichtweise kann durch folgende Beobachtung unterstützt werden: Jeweils am Ende der Abschnitte A und B wird dem Abraham Irrationalität bzw. Belanglosigkeit und Unverständlichkeit vorgeworfen.

– Irrationalität der paganen Kulte veranschaulichen. Der vorliegende Midrasch ist jedoch nicht Teil einer Legendensammlung und tritt nicht primär deshalb an uns heran, um uns die Grösse und Erkenntniskraft Abrahams vor Augen zu führen. Literarisch gesehen ist es nach der Lektüre der Abschnitte A und B sogar ganz unmöglich zu wissen, mit welcher Absicht der Midrasch diese Legende bringt und worin die Verbindung zum zugrunde liegenden Vers Gen 11,28 letztendlich besteht. Auch die anschliessende Wendung, die Einführung der Person des Haran im Abschnitt C, schafft darüber keine Klarheit, selbst wenn das Erscheinen Harans den ausstehenden Rückbezug auf Gen 11,28 anklingen lässt. Dass C diesen Rückbezug einleitet, könnte auch aus dem Grund vermutet werden, dass die Entfaltung des Konflikts zwischen Abraham und Terach bzw. Nimrod plötzlich abgebrochen wird und mit Haran eine zusätzliche Perspektive auf dieses Geschehen eingeführt wird. Es fällt auf, dass in diesem Abschnitt das wundersame Ereignis, dass Abraham unverletzt dem Feuerofen entsteigt, nun gar nicht im Zentrum des Interesses steht; es kann anscheinend, noch bevor es erzählt wird, als bekannt vorausgesetzt werden und wird deshalb überhaupt nur angedeutet. Der Midrasch interessiert sich plötzlich nicht mehr für die vergleichsweise simple Problematik der Legende, die wundersame Rettung des Helden, sondern für die komplexe Vorstellung, dass Haran sich jetzt zwar für die mittlerweile richtige Seite entscheidet (wenn auch aus den falschen Motiven), dennoch ebenfalls ins Feuer geworfen wird und keine wundersame Rettung erfährt. Mit subtiler Ironie teilt dieser Abschnitt mit, dass Haran es hätte einkalkulieren müssen, dass die Herrschenden sich nicht in Minutenschnelle auf neue Trends einlassen. Aber – auch die Aussage, dass es nicht ausreicht, sein Fähnlein nach dem Wind zu drehen, ist nicht der Schlusspunkt des Ganzen, denn wiederum unvermittelt folgt eine typische Schlusswendung: „Deshalb steht geschrieben: *Und Haran starb im Angesicht Terachs, seines Vaters (in seinem Heimatland, in Ur der Chaldäer).*" Der vorliegende Text zielt also am Schluss nicht mehr auf den Glauben Abrahams und auch nicht auf den Opportunismus Harans, sondern auf die Aussage, dass die hier vorliegenden Erzählabschnitte den Vorlauf und die Ausgangskonstellation des Midraschverses darstellen – *das* steckt dahinter, הדא הוא דכתיב/*hada hu dikhtib*/das ist es, was geschrieben steht. Vom Literalsinn her ist das nicht der Fall, die Verknüpfungssignale sind jedoch anderer Art. Zuerst fällt der Begriff אור/*ur* (hebräisch: Feuer, Feuerofen) auf: Zu Beginn von Abschnitt B erscheint „Feuer" noch in der aramäischen Form נורא (*nura*), an seinem Ende jedoch wird in der Rede des Nimrod das hebräische Wort אור/*ur* verwendet, so dass die Ortsbezeichnung aus Gen 11,28 „Ur Kasdim" anklingt und unter der Hand die Bedeutung „Feuerofen der Chaldäer" bekommt.[13] Ein weiteres Verknüpfungsmoment ist die Formulierung על־פני תרח אביו/*al penei terach abiw*/*im Angesicht seines Vaters Terach*, die als Anzeige eines irregulären und verstörenden Geschehens gelesen werden kann (Terach „musste mit ansehen" wie sein Sohn starb), ohne dass der Schrifttext darauf näher eingehen würde. Der Midrasch nimmt dies zum Anlass, ein Setting zu kreieren, innerhalb dessen der unzeitige Tod Harans nachvollziehbar erscheinen kann. Grundlage dessen sind die Gegensätzlichkeiten zwischen Haran und Abraham: Beide sind Söhne Terachs, des „Götzendieners", Abraham jedoch steht als Vertreter einer neuen Generation bereits für ein neues Zeitalter, das des Monotheismus. Haran, der sich weder zum Aufbruch in das „Neue" noch zum Verbleiben im „Alten" entscheiden konnte, starb demzufolge unter den Augen seines Vaters. Eher implizit nimmt der Midrasch hier auf das Sterben des Haran *in seinem Heimatland* Bezug. Im Gegensatz zu Abraham, der wenige Verse später in derselben Terminologie aufgefordert wird, sein *Heimatland* zu verlassen (Gen 12,1:לך־לך מארצך וממולדתך), verweigert Haran den Aufbruch ins Ungewisse. Auf diese Weise wird von Anfang an ein bestimmtes theologisches Konzept mit dem Schrifttext verknüpft und als vom Schrifttext intendiert vorgestellt: Abraham ist derjenige, der aus eigenen rationalen Erwägungen heraus mit der Praxis des Monotheismus beginnt, Nimrod der, der ihn gewaltsam bekämpft, Terach der, welcher der paganen Religiosität verhaftet bleibt, dabei aber der Aggressivität Nimrods Vorschub leistet, und Haran der, der sich nicht entscheiden kann.[14]

---

13 Die ursprüngliche Bedeutung von ur kasdim ist fraglich, vgl. EJ, Bd. 16, Sp. 1-4. Zur rabbinischen Lesart von אור/ur als „Feuerofen" vgl. auch GenR 44,13 zu Gen 15,7.

14 Insofern verweist der vorliegende Midrasch, der gegen Ende der Auslegung des Abschnitts Gen 6,9-11,32 (Paraschat Noach) steht, bereits auf die Parascha lekh lekha (Gen 12,1-17,27).

2.3. Interaktive Inszenierung der Selbstevidenz des Midrasch

Die beiden genannten Phänomene (der Terminus אור/*ur* und die Formulierung על־פני תרח אביו/*al penei terach abiw*) werden innerhalb des Verses isoliert betrachtet und als Anknüpfungspunkte genutzt, an denen sich das rabbinische theologische Konzept mit dem Schrifttext verbindet. Jenes erscheint nun als das, was der Schrifttext „eigentlich" sagen will, da er als bis in kleinste sprachliche Details hinein mit der rabbinischen Botschaft übereinstimmend gezeigt werden kann. Zweifellos leuchten die von den Midraschautoren aufgezeigten Übereinstimmungen ein und sind nachvollziehbar; doch aus der Perspektive der Leserinnen und Leser wäre es unmöglich gewesen, genau diesen Midrasch im Schrifttext zu „sehen", bzw. ihn aus der Textgestalt und der Mikrostruktur des Verses zu ermitteln, gäbe es doch unendlich viele Phänomene, an die anzuknüpfen vorstellbar gewesen wäre.[15] Es ist, wie gesagt, nicht einmal möglich, während der Lektüre die Verknüpfungen zwischen gerade dieser Deutung und gerade diesem Vers wahrzunehmen. Dazu muss das Schlusssignal „*das* ist es, was geschrieben steht" abgewartet werden. Die Lesenden finden sich somit der Unsicherheit ausgesetzt, dass sie während der Lektüre nicht wissen, auf welche Weise die Rückkopplung an den Vers erfolgen wird bzw. auf welche Phänomene schlussendlich abgehoben werden soll. Sie können nur dem Impuls der Autoren folgen und in einem zweiten Durchgang die von den Midraschautoren einmal aufgezeigten und damit ermöglichten Verknüpfungen nachvollziehen. Im Verlauf dieses aktiven Nachvollziehens, bei dem ein hohes Mass an textlichen und inhaltlichen Bibelkenntnissen gefordert ist, erarbeiten sich die Midraschlesenden gewissermassen selbst die „Selbstevidenz" der im Midrasch präsentierten Verknüpfungen. An

---

15 Vgl. Goldberg (1982), 14: „Man kann nun versuchen, zu bestimmen, was die Schrift der rabbinischen Schriftausleger ist. Sie ist eine genau definierte Menge graphischer Zeichen. Das Artefakt ‚Schrift' ist präzise festgelegt und kann keiner Veränderung unterliegen. Dieser bestimmten, endlichen Menge graphischer Zeichen entspricht eine noch offene Menge sprachlicher Zeichen. Die Menge der sprachlichen Zeichen nimmt in der Auslegung zu, weil immer mehr entdeckt wird, was alles sprachliches Zeichen ist, und zwar sowohl auf der Ebene der blossen graphischen Zeichen – immer kann noch etwas als bedeutungshaltig erkannt werden – als auch auf allen anderen Ebenen bis hinauf zum Satz oder zur Perikope."

dieser Stelle wird auch deutlich, dass es sich bei Midraschim um „Insider-Literatur" handelt, die – über die notwendigen originalsprachlichen Bibelkenntnisse hinaus – auf die Selbstidentifikation der Leserinnen und Leser als Jüdinnen und Juden zugreifen und auf dem hohen symbolischen und identifikatorischen Wert des Konzeptes „Tora" aufbauen.[16]

3. Ästhetische und metasprachliche Schriftlektüre: GenR 34,14 (1. Teil)

Das folgende Beispiel, GenR 34,14, ist etwas anders gelagert. Hier werden keine externen Legendenstoffe verarbeitet, es geht vielmehr ausschliesslich um die Präsentation der ästhetischen und metasprachlichen Lektüre des Wort- und Buchstabengehalts eines Bibelverses jenseits seines Inhalts. Diejenigen, die diese Auslegung komponiert haben, konnten damit zeigen, wie viele verschiedene metasprachliche Aspekte, die mit dem Literalsinn des Verses nichts zu tun haben, sie auszudifferenzieren und zu interpretieren vermochten. Der Vers selbst, Gen 9,6, lädt schon von seiner Wortfolge her zu einer ästhetischen Lektüre ein. Seine erste Hälfte ist spiegelbildlich angeordnet: *Wer vergiesst das Blut des Menschen – durch den Menschen wird sein Blut vergossen werden*. Mit diesem „Spiegelbild" wird der Begriff des Ebenbilds in der zweiten Vershälfte – *denn im Ebenbild Gottes hat er den Menschen gemacht* – bereits im Vorfeld umgesetzt. Die midraschische Auslegung unternimmt es nun, möglichst viele verschiedene Unterteilungen, Kombinationen und Schwerpunktsetzungen innerhalb der Wortfolge des Verses vorzunehmen; damit wird gezeigt, wie viele verschiedene Bedeutungen die Interpretierenden auf diese Weise im Vers wieder erkennen können:

---

16 Vgl. dazu Schwartz (2001), 49-50 u.ö.

3.1. Text: GenR 34,14 (1.Teil)

שֹׁפֵךְ ֹ דַּם הָאָדָם   בָּאָדָם דָּמוֹ יִשָּׁפֵךְ

כִּי בְּצֶלֶם אֱלֹהִים   עָשָׂה אֶת־הָאָדָם:

A	B	C		C'	B'	A'
Wer vergiesst	*das Blut*	*des Menschen*		*durch den Menschen*	*wird sein Blut*	*vergossen werden;*
		denn im Ebenbild Gottes	–	*hat er den Menschen gemacht.*		

Rabbi Chanina sagte: Das entspricht alles den Geboten der Nachkommen Noahs:[17] Mit einem Zeugen, mit einem Richter; ohne Zeugen,[18] ohne Warnung; durch einen Abgesandten; Föten betreffend.

Mit einem Zeugen, mit einem Richter: *Wer das Blut des Menschen vergiesst, durch* einen *Menschen* (באדם אחד/be-adam echad) *wird sein Blut vergossen werden.*

Ohne Zeugen, ohne Warnung: *Wer das Blut des Menschen vergiesst – sein Blut wird vergossen werden.*

Durch einen Abgesandten: *Wer das Blut des Menschen* durch einen *Menschen* (על ידי אדם/al jede adam) *vergiesst, dessen Blut soll vergossen werden.*

Föten betreffend: *Wer das Blut des Menschen im Menschen* (האדם באדם/ ha-adam ba-adam) *vergiesst, dessen Blut soll vergossen werden.*

Rabbi Jehuda, Sohn des Rabbi Simon, sagte: Auch der, der ihn erwürgt – *wer das Blut des Menschen* im Menschen (באדם/ba-adam) *vergiesst, dessen Blut soll vergossen werden.*

Rabbi Levi sagte: Siehe, wer getötet hat und nicht getötet wurde, wann wird er getötet? Wenn Adam kommen wird: *Wer das Blut des Menschen*

---

17 Vgl. zum gesamten Abschnitt bSanh 57b.

18 In der kritischen Ausgabe Theodor-Albeck (die auf der MS London beruht, vgl. dazu Stemberger 1992, 278) entfällt hier und später die Wendung „ohne Zeugen", so auch in bSanh 57b.

vergiesst, durch Adam (באדם/*ba-adam,* gelesen als: בא אדם/*ba adam*/Adam kam) *soll sein Blut vergossen werden.*[19]

3.2. Argumentationsstruktur

Der Midrasch beginnt damit, dass Rabbi Chanina sagt, dieser Vers würde mit den Geboten der Nachkommen Noahs übereinstimmen. Das würde bedeuten, dass der Vers nicht nur etwas im Zusammenhang mit der Gestalt des Noah und der Noahgeschichte[20] mitteilt, sondern implizit noch mehr Informationen enthält. Wir wissen nicht wie viele Informationen es sind (theoretisch unendlich viele), aber Rabbi Chanina sagt konkret darüber aus, dass der Vers mit bestimmten Aspekten der noachitischen Gebote übereinstimmt.[21] In Übereinstimmung mit dem Literalsinn geht es hier um das Verbot des Blutvergiessens. Es wird genauer differenziert: Wie sollte ein von einer noachidischen Person verübter Mord geahndet und verurteilt werden? Nach der biblischen Überlieferung und nach dem rabbinischen Verständnis müssen bei israelitischen Tatverdächtigen mehrere Kriterien erfüllt sein, um eine Verurteilung wegen Mordes zu ermöglichen: Es braucht zwei Zeugen, es

---

19 Vgl. DtnR 2,25 (zu Dtn 4,41): Rabbi Levi sagte: „Wie viele Menschen haben getötet und sind auf ihren Lagern gestorben!" Man antwortete ihm: „Und was bedeutet: *Durch den Menschen (*באדם/*ba-adam) soll sein Blut vergossen werden?* Wenn in der kommenden Zukunft alle Menschen herbeikommen, in diesem Moment soll sein Blut vergossen werden."

20 Gen 9,1-17 behandelt den Bundesschluss Gottes mit Noah und seinen Nachkommen.

21 Die noachitischen Gebote sind ein recht utopisches theologisches Konzept der antiken rabbinischen Gelehrten, die damit zum Ausdruck brachten, dass die nichtisraelitische Menschheit, d.h. die Nachkommen Noahs, welche nicht die Tora am Sinai angenommen hatten, zuvor schon eigene Gebote von Gott erhalten habe. Das Konzept der noachitischen Gebote beinhaltet also die rabbinische Reflexion darüber, wie sich der nichtjüdische Teil der Menschheit verhalten sollte, um Gottes Willen zu entsprechen. Diese meist sieben Gebote sind in verschiedenen Lesarten überliefert, in ihrer frühesten Aufzählung in tAZ 8,4 lauten sie: (1) Gebot der Rechtspflege, (2) Verbot des Götzendienstes, (3) Verbot der Gotteslästerung, (4) Verbot der Unzucht, (5) Verbot des Blutvergiessens, (6) Verbot des Raubes und (7) Verbot des Genusses von Teilen lebender Tiere; vgl. Müller (1998), passim.

braucht mehrere Richter (der Mischna zufolge mindestens 23[22]), es muss vor der Tat eine belehrende Warnung ausgesprochen worden sein,[23] keine Täterperson kann sich darauf berufen, im Auftrag gehandelt zu haben und deshalb nicht verantwortlich zu sein,[24] und schliesslich: Ungeborene werden nicht wie Geborene geschützt.[25] Rabbi Chanina findet nun in Gen 9,6 eine Tradition wieder, die gerade in diesen Punkten die Ansprüche an eine Verurteilung von Noachidinnen und Noachiden ausdrücklich niedriger ansetzt, und die eine solche Verurteilung mit nur einem Zeugen und sogar ohne Zeugen (also aufgrund einer Selbstanzeige)[26] und all den weiter hier genannten Kriterien ermöglicht. Der Literalsinn des Verses gibt dies selbstverständlich nicht her. Rabbi Chanina behauptet jedoch, dass sich jeder dieser vier Aspekte aus einem bestimmten metasprachlichen Merkmal des Verses ableiten liesse: **(1)** Der Aspekt, dass nur ein Zeuge bzw. nur ein Richter ausreicht: Es heisst ja „durch *den* Menschen" mit bestimmtem Artikel – d.h. durch *einen* Menschen! Der bestimmte Artikel, dem eine unbefangene Lektüre eine generalisierende Funktion zugeschrieben hätte, wird hier ganz gezielt mit dem Singular gleichgesetzt.[27] M.E. wird hier implizit ein singularisches und auf das Individuum bezogenes Verständnis der Gottesebenbildlichkeit, wie sie im zweiten Halbvers thematisiert wird, vorweggenommen – zumal die Schlusswendung עשה את־האדם (*assah et ha-adam*/er hat den Menschen gemacht), den Singular dann geradezu zu besiegeln scheint. **(2)** Der Aspekt, dass notfalls auch ohne Zeugen, d.h. nach einer Selbstbezichtigung (und ohne eine der Tat vorausgehende Warnung sowieso) eine Verurteilung möglich sei, wird aus der strengen und konsequenten Spiegelbildlichkeit des ersten Halbverses (*wer Blut vergiesst ... dessen Blut soll vergossen werden*) abgeleitet, die keinerlei weitere Personen oder Bedingun-

---

22 Vgl. mSanh 4,1.

23 Vgl. Mek Nesikin 4 (zu Ex 21,12).

24 Vgl. bKet 42b.

25 Vgl. Mek ebd. (wie Anm. 15).

26 Der locus classicus dafür, dass eine Selbstanzeige im jüdischen Rechtskontext irrelevant ist, ist bSanh 9b: „Kein Mensch stellt sich selbst als Frevler hin".

27 LXX hat hier unpersönlich ἀντὶ τοῦ αἵματος αὐτοῦ ἐκχυθήσεται (*im Gegenzug wird sein Blut vergossen werden*). Wird dadurch das durch den Midrasch benannte Problem umgangen?

gen nennt, sondern unmittelbar den zweiten Halbvers auf den ersten, also die Konsequenz auf die Tat, folgen lässt. **(3)** Dafür, dass dem Vers die Auffassung inhärent sei, die Person, die eine andere zum Mord beauftragt hat, gegebenenfalls zur Verantwortung zu ziehen, wird folgende Lesemöglichkeit angeführt: *Wer das Blut des Menschen durch den Menschen vergiesst.* Die Formulierung „durch den Menschen (באדם/*ba-adam*)" wird nun instrumental (im Sinne von על ידי אדם/*al jede adam*) gelesen, und das erste Wort des zweiten Halbverses zum vorangehenden Halbvers gezogen). **(4)** Und schliesslich: Schuldig ist auch, wer das Blut des „Menschen im Menschen", des Fötus, vergiesst. An diese Abhandlung über die noachitische Rechtspraxis werden noch zwei weitere Lesemöglichkeiten angefügt. Zuerst: Wer das Blut des Menschen „im Menschen" vergiesst – d.h. wer einen Menschen erwürgt, ist des Mordes schuldig, auch wenn der Vers selbst ausdrücklich vom (wie hier experimentell angenommen, nichtmetaphorischen) „Blutvergiessen" spricht. Und schliesslich bringt der Midrasch eine endzeitliche Lesart, die sich darauf bezieht, dass viele Mordtaten ungesühnt bleiben: „wenn Adam kommen wird", d.h. wenn die Geschichte bis zu ihrem Anfang zurückverfolgt wird, soll das Blut des bisher nicht bestraften Mörders vergossen werden. Hier finden wir die freieste aller vorgestellten Lesarten, באדם/*ba-adam* wird hier in zwei Worte geteilt und als בא אדם/*ba adam* gelesen.

3.3. Anspruch auf die Autorität des Pentateuch

Was geschieht in dieser Schriftdeutung? Es geschieht jedenfalls nicht, dass Rabbi Chanina dieses noachitische Rechtskonzept aus dem Schriftvers ableitet, denn dieses Konzept kennt er schon. Auch tritt der Midrasch nicht (oder allenfalls teilweise) an uns heran, um uns über diese Rechtsauffassung zu informieren, denn er geht davon aus, dass sie uns ebenfalls bekannt ist. GenR 34,14 demonstriert uns vielmehr, dass das noachitische Recht für Mordfälle bereits im Vers Gen 9,6 zu erkennen ist, und dass Rabbi Chanina dies sehen und zeigen kann (und Rabbi Jehuda, Sohn des Rabbi Simon, sowie Rabbi Levi etwas dazufügen können). Diese Gelehrtenpersonen sind in der Lage, einzelne Wortabfolgen, Kombinationen und Schwerpunktsetzungen wahrzunehmen und im Hinblick auf die noachitischen Gebote zu „lesen". Auf diese Weise demonstrieren sie die Übereinstimmung dieses theologisch-juristischen Konzepts mit dem Wortlaut des Pentateuch – obwohl es so überhaupt nicht da steht! – und können dessen Autorität, Uralter und Offenbarungsqualität für ihre Auslegung in Anspruch nehmen. Auch in diesem Fall entsteht zunächst ein Moment der Verunsicherung: Inwiefern sollte die allgemeine ethische Aussage in Gen 9,6 auf die noachitischen Gebote und die noachitische Rechtstheorie verweisen?! Ein weiterer Lektüredurchgang ergibt jedoch, dass die möglichen Schwerpunktsetzungen und Kombinationen, die im Verlauf der Auslegung aufgezeigt werden, absolut einleuchtend sind. Die Wahrnehmung der Selbstevidenz der Schwerpunktsetzungen und Kombinationsmöglichkeiten – ohne Frage kann man, wenn man will, „(das) Blutvergiessen" wörtlich als „Blut *vergiessen*" lesen – wird unter der Hand zur „Selbstevidenz" der Verknüpfung der noachitischen Gebote mit Gen 9,6.

4. Die Personalisierung der Argumente: GenR 34,14 (2. Teil)

Aus dem bisher Gesagten ergibt sich die Frage nach der literarischen Funktion der Gelehrtenpersonen, sind sie es doch, die die „Verwirrung" stiften und sie danach wieder auflösen (bzw. die Lesenden auf den Weg bringen, die Verwirrung im Sinne der Autoren aufzulösen). Was hat es zu bedeuten, dass, obwohl die rabbinischen Werke nicht als Autorenliteratur überliefert werden, die überwiegende Zahl der Argumente und Positionen namentlich genannten Gelehrten zugeordnet werden? Diese Personalisierungen dienen, wie ich im Folgenden anhand der zweiten Hälfte des begonnenen Textes GenR 34,14[28] zeigen will, zur Orientierung der Leserinnen und Leser; die literarischen Gestalten der verschiedenen Gelehrten haben vor allem die Funktion, Träger ihrer Argumente zu sein. In dem genannten Textabschnitt werden die drei Halbverse Gen 9,6a-7a gelesen und verschiedene mögliche Schwerpunktsetzungen demonstriert:

---

28 Par. tJeb 8,7.

(9,6a) *Wer vergiesst das Blut des Menschen, durch den Menschen wird sein Blut vergossen werden;*

(9,6b) *denn im Ebenbild Gottes hat er den Menschen gemacht.*

(9,7a) *Und ihr, seid fruchtbar und vermehrt euch.*

4.1. Text: GenR 34,14 (2. Teil)

Rabbi Aqiba legte aus: „Jedem, der Blut vergiesst, rechnet man es an, als ob er die (Gottes-) Ähnlichkeit verringere. Was ist der Grund?[29] *Wer vergiesst das Blut des Menschen, durch den Menschen wird sein Blut vergossen werden* – weshalb?[30] *Denn im Ebenbild Gottes hat er den Menschen gemacht.*"[31]

Rabbi Elazar ben Azarja legte aus: „Jedem, der die Fortpflanzung versäumt, rechnet es die Schrift an, als ob er die (Gottes-)Ähnlichkeit verringern würde. Was ist der Grund? *Denn im Ebenbild Gottes hat er den Menschen gemacht,* und danach steht geschrieben (Gen 9,7): *Und ihr, seid fruchtbar und vermehrt euch* usw."

Ben Azzai legte aus: „Jedem, der die Fortpflanzung versäumt, rechnet es die Schrift an, als ob er Blut vergiessen und die (Gottes-)Ähnlichkeit verringern würde. Was ist der Grund? *Wer das Blut des Menschen vergiesst.* Weshalb? *Denn im Ebenbild Gottes hat er den Menschen gemacht* und was steht danach? *Und ihr, seid fruchtbar und vermehrt euch* usw."

Da sagte Rabbi Elazar ben Azarja zu ihm: „Lieblich sind die Worte, die aus dem Mund derer, die sie tun, hervorgehen! Ben Azzai legt (zwar) gut aus, aber er tut nicht (ebenso) gut!" Er (ben Azzai) sprach zu ihm (zu Rabbi Elazar ben Azarja): „Ich (lebe) dem gemäss, dass meine Seele Lust an der Tora hat, aber die Welt wird durch andere erhalten werden."

---

29 Im Sinne von: Was ist der Schriftbeweis?

30 D.h.: Weshalb sagt dieser Vers (9,6) aus, dass Blutvergiessen die Gottesähnlichkeit in der Welt vermindert? Wegen der Textgestalt der zweiten Vershälfte (9,6b).

31 Vgl. Mek Bachodesch 8 (zu Ex 20,13). Das dort ausgelegte *du sollst nicht morden* wird als „Warnung" interpretiert, die der in Gen 9,6a formulierten „Strafe" (implizit) vorangeht. Vgl. auch GenR 24,7.

4.2. Argumentationsstruktur

Drei Tannaiten, die zu den wichtigsten Vertretern ihrer Zeit gehören, werden hier in ein Gespräch miteinander gebracht: **(1)** Das erste Argument, vorgetragen von Rabbi Aqiba, stellt nach den im ersten Teil von GenR 34,14 aufgeführten halachisch-juristischen Erörterungen nun eine philosophisch-theologische Deutung des Mordes in den Raum: Das Wesen und die Brisanz des Mordes besteht darin, dass dabei die Gottebenbildlichkeit verringert wird! Rabbi Aqiba stellt die eigene Lektüre in hoher Übereinstimmung mit dem Schrifttext dar: In 9,6 ist der zweite Halbvers tatsächlich eine Begründung des ersten, was durch כי/*ki*/denn angezeigt wird. Indem hier das Motiv der menschlichen Gottebenbildlichkeit aufgegriffen wird (ein indirekter Rückgriff auf Gen 1,27), wird Mord ausdrücklich als Tabu eingeführt. Der Akzent, den die midraschische Argumentation an dieser Stelle setzt, ist jedoch, dass sie 9,6a von 9,6b her determiniert, und somit Mord nicht primär als (wegen der Gottähnlichkeit) verbotenen Angriff auf das Leben eines *Mitmenschen*, sondern als Angriff auf die Göttlichkeit selbst deutet. In experimenteller (und keineswegs endgültiger) Weise wird hier eine Relation zwischen Empirie und Theologie beschrieben: Mord wird nicht vom Menschen, sondern von Gott her gedeutet. (Zugleich schwingt aber durch das „als ob" [כאילו/*k'ilu*] das Wissen darum mit, dass es sich „nur" um eine Metapher handelt, die die Empirie niemals in den Griff bekommen kann!) Gewiss hat die Tatsache, dass die Gestalt des Rabbi Aqiba stark vom Martyrium her konnotiert ist,[32] damit zu tun, dass gerade ihm im Rahmen dieser Diskussion der Einstieg überlassen wird. Indirekt spricht Rabbi Aqiba hier das Urteil über seine Mörder und teilt seine Perspektive auf die Machtverhältnisse nach dem Bar-Kochba-Aufstand mit. Seine Position ist durch eine strenge „Vertikalität" gekennzeichnet, Empirie und Erfahrung sind der theologischen Deutung unbedingt untergeordnet – die Tora bestimmt die Wirklichkeit. **(2)** Rabbi Elazar ben Azarja trägt in exakt dem gleichen Wortlaut ein anderes und in gewisser Weise gegenläufiges Argument vor. Es macht ebenfalls den Eindruck eines formalen Experiments und scheint zu versuchen, ob man, anstelle 9,6a auf 9,6b zu beziehen, nicht genauso gut 9,6b von 9,7a her lesen könnte: Wer sich

---

32 Vgl. pBer 9,5 (14b); pSota 5,7 (20c); bBer 61b.

nicht fortpflanzt, bewirkt – ebenso wie der Mörder! – dass es weniger Menschen gibt.[33] Von einem rein logischen Standpunkt wäre diese Lesart nachvollziehbar, irritiert aber dennoch, weil damit der Aspekt der aktiv ausgeübten Gewalt bewusst ausgeblendet scheint, von dem her Mord und unterlassene Fortpflanzung keineswegs dasselbe sind! Das Statement des Rabbi Elazar ben Azarja kann somit als kritische Anfrage an die Position des Rabbi Aqiba verstanden werden, als Ergänzung und Relativierung der von Rabbi Aqiba vorgetragenen strikten Priorität der Theologie vor der Empirie. Die Aussage führt indirekt zu der Erkenntnis, dass eine ermordete Person und eine gar nicht gezeugte „Person", sich zwar darin gleichen, dass sie nicht existieren, nicht aber darin, dass sie nie existiert hätten. Insofern ist der hier vorliegenden Argumentationsstruktur zu entnehmen, dass der mit der Person Aqibas verbundene Gedanke der Reduktion der Gottebenbildlichkeit nicht die ganze Wahrheit über das Wesen des Mordes aussagt, er sagt nichts über Gewalt, Schmerz, Machtlosigkeit und Existenzverlust. Der Midrasch zeigt somit auf, dass, von den zugrunde gelegten Schriftversen her gesehen, sehr nahe bei der Position des Rabbi Aqiba auch ihre Ergänzung, Relativierung und Weiterführung zu finden ist. Rabbi Elazar ben Azarja (oder: die Chiffre „Rabbi Elazar ben Azarja") steht für eine bedingungslos personbezogene Ethik und überhaupt für eine Betonung der Ethik in der Gottesbeziehung.[34] Er ist also keinesfalls verdächtig, das Problem des Blutvergießens nicht ernst zu nehmen und es in einer zynischen Weise mit versäumter Fortpflanzung gleichzusetzen.[35] Darüber hinaus wird ihm nicht

---

33 Es gehört auch an anderen Stellen zu den Auslegungsprinzipien des Rabbi Elazar ben Azarja, unmittelbar anschliessende Versteile zur Erläuterung heranzuziehen, vgl. die ihm zugeordneten Aussprüche in bPes 118a.

34 Vgl. z.B. mJoma 8,9.

35 In der Diskussion des Vortrags wurde der Gedanke geäussert, dass Rabbi Elazar ben Azarja hier ein demographisches Argument im Sinne des Erhaltes des jüdischen Volkes vortrage – und dass im nächsten Abschnitt die biologische Fortpflanzung mit dem Gedanken der Weitergabe der Tora in Zusammenhang gebracht wird. Für den Hinweis auf diesen Zusammenhang bin ich dankbar, auch wenn ich nicht glaube, dass wir es hier mit einer politisch motivierten Aufforderung zum Kinderreichtum zu tun haben.

selten die Funktion zugeschrieben, Rabbi Aqiba zu widersprechen.[36] **(3)** Ben Azzai, als literarische Person ein Idealbild der persönlichen Frömmigkeit und des Eifers für die Tora,[37] in seiner aussergewöhnlich tiefen Gelehrsamkeit jedoch ein wenig charismatisch-esoterisch konnotiert,[38] knüpft an das Argument von Elazar ben Azarja an und kombiniert die beiden zuvor gefallenen Aussagen, die bis dahin Alternativen waren: Wenn man sagen kann, dass sowohl versäumte Fortpflanzung als auch Blutvergiessen, die menschliche Gottebenbildlichkeit beeinträchtigen, was hindert dann daran, die versäumte Fortpflanzung zum Paradigma zu erheben und den Schwerpunkt der drei Halbverse auf den Vers 9,7a zu verlagern – versäumte Fortpflanzung ist Mord und Verletzung der Gottebenbildlichkeit? (Eine Deutung wie „Mord ist versäumte Fortpflanzung und Verletzung der Gottebenbildlichkeit" wäre allerdings auch nicht denkbar gewesen: In diesem Fall würde der aktive Gewaltaspekt des Mordes negiert werden, während im ersten Fall der Gewaltaspekt als metaphorisch erkennbar bleibt.) Indem das Argument des Aqiba in das des Elazar ben Azarja integriert wird (versäumte Fortpflanzung ist Mord *und* Verletzung der Gottebenbildlichkeit!), werden die beiden bis dahin auseinander driftenden Positionen gleichsam addiert. **(4)** Die entstandene Extremposition wird nun auf ihre Praxistauglichkeit hin befragt: „Lieblich sind die Worte, die aus dem Mund derer, die sie tun, hervorgehen!" Der rigorose Anspruch Ben Azzais wird wieder „geerdet", indem mitgeteilt werden kann, dass niemand perfekt ist, bzw. dass Perfektion auf einem Gebiet mit „Defiziten" auf einem anderen einhergehen kann. Ben Azzai hat zwar selbst keine Kinder (gezeugt), ist aber ein ausserordentlicher Gelehrter. Einerseits wird dadurch seine Fähigkeit, die Tora an die kommende Generation weiterzugeben, hervorgehoben – andererseits verhindert seine Bemerkung, er würde die Tora zur eigenen Befrie-

---

36 Vgl. z.B. Sifra Zaw, pereq 11, par. 5. (Das klassische Beispiel für eine moderat kritische und ironische Bezugnahme auf Rabbi Aqibas allzu spitzfindige – oder besser: den Textsinn in radikaler Weise festschreibende – Schriftauslegung ist SNum 112 [Ausgabe Horowitz-Rabin, 121] zu Num 15,31, vgl. dazu Lenhardt/von der Osten-Sacken, 1987, 224-229).

37 Vgl. mSota 9,15.

38 Vgl. die berühmte Geschichte von den Vieren im Paradies in bChag 14b (pChag 2,1 [77b]); vgl. auch LevR 16,4 (HldR 1,10).

digung studieren und den Fortbestand der Welt anderen überlassen, eine widerspruchsfreie Sicht seiner Person.

4.3. Midrasch als Offenbarungsgeschehen

Die gesamte Passage erscheint wie ein dialektisches Lehrgespräch – wenn man will, kann man die vier Argumente als „These", „Antithese", „Synthese" und „Aporie" verstehen. Dass die einzelnen Positionen jeweils entsprechend charakterisierten Personen zugeordnet werden, macht den hochkomplexen Argumentationsgang anschaulicher und nachvollziehbar. Die Personalisierung der Argumente erscheint wie ein zusätzliches Regulativ in der rabbinischen Diskurssprache: Das Verstehen und Einordnen eines einzelnen Argumentes wird dadurch erleichtert, dass gleichzeitig eine Charakteristik der dazugehörigen Gelehrtenperson vorhanden ist und abgerufen werden kann. Darüber hinaus scheint das Stilmittel der Bindung der Argumente an Personen noch eine weitere Funktion zu haben: Es macht das Konzept vermittelbar, dass es der jeweilige Rabbi ist, der den für gewöhnliche Menschen nur nachvollziehbaren Midrasch in primärer Weise im Schrifttext erkennen kann, der ohne Hilfe von der Metapher zum Vergleichsgegenstand zurückfindet und der seine Schülerinnen und Schüler sicher durch das Dickicht der unendlichen Textphänomene (ein hermeneutisches Problem, das die Midraschautoren freilich selbst aufgeworfen haben) führen kann.[39] Auf diese Weise erscheint der formulierte Midrasch fast als das Ergebnis eines Offenbarungsvorgangs; die Bedeutungserschliessung durch den Rabbi nimmt das Motiv der Offenbarung der Tora am Sinai auf.

5. Transparenz und Bewusstsein der Differenz: Mek Bachodesch 4 und 9

Die Frage, ob sich die Midraschverfassenden ihrer Position als Autoren ihrer Werke bewusst waren, kann sicher nicht in einem neuzeitlichen Sinn beantwortet werden. Doch kann davon ausgegangen werden, dass

---

39 Vgl. Neusner (1987), 3-32.

sie sich keinesfalls die antiquarische Bewahrung eines „ursprünglichen" Schriftsinns auf die Fahnen geschrieben hatten. In diesem Zusammenhang gewinnt die scheinbar banale Beobachtung, dass Vers und Midrasch nebeneinander stehen, an Bedeutung. Dass die Verfasser damit beabsichtigen, ihre Schriftdeutung zu lancieren, liegt auf der Hand, ebenso trifft aber zu, dass dieses Nebeneinander indirekt auf die Differenz zwischen Vers und Midrasch hinweist. Wenn man also dem Midrasch, wie bisher beschrieben, eine gewisse Manipulativität nicht absprechen kann, so weist er gleichzeitig ein hohes Mass an Transparenz auf.

Dies möchte ich anhand eines letzten Textbeispiels darstellen. Es handelt sich um eine Auslegung der Verse Ex 19,20 und Ex 20,22. Die Mekhilta (Mek Bachodesch 4, Ausgabe Horowitz-Rabin [im folgenden: H/R] 216-217, und Bachodesch 9, H/R 238-239) stellt eine Beziehung zwischen beiden Versen her, um die Frage zu stellen, wie denn beide bestehen bleiben können, da sie von einem streng logischen Standpunkt gesehen einander doch ausschlössen: Entweder könne man sagen, dass Gott auf den Sinai hinabgestiegen sei und von dort aus gesprochen habe (19,20), oder, dass die göttliche Rede *vom Himmel her* ergangen sei (Ex 20,22). „*Gott stieg herab auf den Sinai*" oder „*vom Himmel her*" – die Gegenüberstellung dieser Verse wird zur Diskussion über Immanenz bzw. Transzendenz Gottes. (Die beiden Verse und entsprechenden Passagen aus der Mekhilta sind im Folgenden nebeneinander gestellt.)

5.1. Text: Mek Bachodesch 4 und 9

Mek Bachodesch 4	Mek Bachodesch 9
וַיֵּרֶד יְהוָה עַל־הַר סִינַי אֶל־רֹאשׁ הָהָר וַיִּקְרָא יְהוָה לְמֹשֶׁה אֶל־רֹאשׁ הָהָר וַיַּעַל מֹשֶׁה:	וַיֹּאמֶר יְהוָה אֶל־מֹשֶׁה כֹּה תֹאמַר אֶל־בְּנֵי יִשְׂרָאֵל אַתֶּם רְאִיתֶם כִּי מִן־הַשָּׁמַיִם דִּבַּרְתִּי עִמָּכֶם:
Und jhwh *stieg herab auf den* Berg	[*Und* jhwh *sagte zu Mose: So*

	a	b
	Sinai [zum Gipfel des Berges, und jhwh *rief Mose zum Gipfel des Berges, und Mose stieg hinauf]* (Ex 19,20).	*sollst du zu den Israeliten sagen: Ihr habt gesehen,] dass vom Himmel her ich mit euch gesprochen habe* (Ex 20,22).
1	Da höre ich: Auf den ganzen (Berg)?! – Die Schrift sagt: *Auf den Gipfel des Berges.* Es wäre doch möglich, dass tatsächlich (ממש/mamasch) die Glorie (הכבוד/ha-kabod) herabstieg und über den Berg Sinai ausgebreitet wurde? – Die Schrift sagt (Ex 20,22): *Denn vom Himmel her habe ich mit euch gesprochen.*	Ein Vers sagt: *dass vom Himmel her*, und ein Vers sagt: *Und* jhwh *stieg herab auf den Berg Sinai* (19,20). Wie sollen diese beiden Schriftstellen bestehen bleiben? Die dritte gleicht aus: *Vom Himmel her hat er dich seine Stimme hören lassen, um dich zu unterweisen (und auf der Erde hat er dich sein grosses Feuer sehen lassen und seine Worte hast du aus der Mitte des Feuers gehört,* Dtn 4,36), Worte des Rabbi Jischmael.
2	Das lehrt, dass der Heilige, der gesegnet ist, die unteren Himmel und die höchsten Himmel der Himmel auf den Gipfel des Berges herabneigte und die Glorie herabstieg und über den Berg Sinai hin ausgebreitet wurde, wie ein Mensch, der das Polster am Kopf der Lagerstatt ausbreitet, und wie ein Mensch, der vom Polster herab spricht – wie gesagt ist (Jes 64,1): *Wie Feuer Reisig entzündet, Wasser durch Feuer in Wallen kommt – deinen Namen deinen Bedrängern kundzutun, (damit) vor deinem Angesicht die Völker erzittern.* Und ebenfalls	Rabbi Aqiba sagt: Ein Vers sagt „*dass vom Himmel*" und ein Vers sagt „*und* jhwh *stieg herab auf den Berg Sinai, zum Gipfel des Berges*"; das lehrt, dass der Heilige, der gesegnet ist, den oberen Himmel zum Berggipfel hinneigte und mit ihnen vom Himmel her sprach, wie gesagt ist: *vom Himmel.* Und ebenfalls sagt er (Ps 18,10): *Er neigte den Himmel und stieg herab und Gewölk war unter seinen Füssen.*

	sagt er (Jes 64,2): *Wenn du furchtbare Taten tust, die wir nicht erwarten, dass du herabstiegst und um deinetwillen die Berge zerflossen.*	
3	Rabbi Josse sagt: Siehe, er sagt: *Die Himmel sind die Himmel von* jhwh *und die Erde gab er den Menschenkindern* (Ps 115,16). Mose stieg nicht hinauf und Elia auch nicht und die Glorie stieg auch nicht herab, sondern das lehrt, dass Gott zu Mose sprach: Siehe, ich rufe dich zum Gipfel des Berges und du steigst hinauf, wie gesagt ist (Ex 19,20): *Und* jhwh *rief den Mose.*	Rabbi sagt: *Und* jhwh *stieg herab auf den Berg Sinai, zum Gipfel des Berges und* jhwh *rief den Mose zum Gipfel des Berges und Mose stieg hinauf* (Ex 19,20). Da höre ich es nach seinem Wortsinn, (aber) du sagst: Wenn einer der Diener seiner Diener[40] von seinem Ort aus dahin kommt (אב/ ba), wo nicht sein Ort ist – um wie viel mehr (gilt das) für die Glorie dessen, der sprach und die Welt war da.

5.2. Argumentationsstruktur

Der erste Abschnitt aus Bachodesch 4 (in der Tabelle: 1a) zielt darauf, dass die anthropomorphe Darstellung des göttlichen Herabsteigens auf den Sinai nicht als materiale Wahrnehmung Gottes aufgefasst werden soll. Die Mekhilta schränkt deshalb ein: Gott ist nicht etwa über den gesamten Berg hinweg aufzufinden gewesen, sondern hat nur den Gipfel des Berges berührt, und: Das Herabsteigen ist kein tatsächliches Herabsteigen, denn dann würde es im Widerspruch zu Ex 20,22 stehen. 1a eröffnet also die Dialektik des „im Himmel und/oder auf Erden (bzw. bei Israel)". Demgegenüber werden im ersten Abschnitt von Bachodesch 9 (in der Tabelle: 1b) Ex 19,20 und Ex 20,22 mit einem dritten Vers zusammengebracht – Dtn 4,36. Damit wird eine der hermeneutischen

---

40 Gemeint ist die Sonne, vgl. den Beginn des folgenden Abschnitts Bachodesch 10.

Regeln des Rabbi Jischmael angewendet.[41] Allerdings kann man nicht
sagen, dass dadurch das angerissene Problem gelöst würde – allenfalls
wird es durch Dtn 4,36 legitimiert und akzeptiert und kann so stehen
bleiben: Gott ist im Himmel *und* auf Erden; wie das gedacht werden
könnte, wird nicht weiter ausgeführt.[42] In 2a wird erstmalig das Motiv
des Herabsteigens der göttlichen Glorie[43] erwähnt und mit zwei Metaphern des indirekten Wirkens erklärt: Ein Herrscher muss nicht selbst
vor Ort erscheinen, damit das geschieht, was er vom Thron aus angeordnet hat; das Feuer muss nicht selbst im Wassertopf sein, um das Wasser zu erhitzen.[44] Gott „neigt den Himmel herab", die Glorie steigt herab
– und Gott ist in seinem Wirken präsent, ohne materialiter anwesend zu
sein. Transzendenz und Immanenz haben hier ihren Schwerpunkt bei
der Immanenz. In 2b wird das Deszendenzmotiv Rabbi Aqiba zugeschrieben und eher theologisiert: Die in 2a enthaltene Königs- und
Thronrhetorik entfällt; anstatt der Jesajaverse, die eine kämpferische
Haltung Gottes und Israels in Bezug auf die Völker anklingen lassen,
erscheint nun Ps 18,10, in dem Gott trotz seines Herabsteigens „Gewölk
unter seinen Füssen" behält und eindeutig „vom Himmel her" spricht.
In diesem Abschnitt wird deutlich, dass das eindrucksvolle Motiv des
Herunterbiegens des Himmels sprachlich mit der Präposition אל (*el*/zu)
in „*zum Gipfel des Berges* (אל־ראש ההר/*el-rosch ha-har*)" in 19,20b gekoppelt
wird, was im Sinne einer Richtungsweisung, eben einer Hinneigung
interpretiert und so von der Formulierung *auf den Berg Sinai* (על־הר סיני/
al-har sinai) unterscheidbar gemacht wird. Während in 2a eine Metapher
entwickelt wird, präsentiert 2b eine radikale theologisch-hermeneutische

---

41 Vgl. die „Baraita des Rabbi Jischmael" zu Beginn der Druckausgaben des Midrasch
Sifra.

42 Raschi bietet in seinem Kommentar zu Ex 20,22 (dort: Ex 20,19) folgende
Erklärung, die die Deutung der Mekhilta vertieft: „Und ein anderer Vers sagt: *Und
jhwh stieg zum Sinai herab*. Da kommt der dritte Vers, der zwischen beiden ausgleicht
(Dtn 4,36): *Vom Himmel her hat er dich seine Stimme hören lassen um dich zu unterweisen (und
auf der Erde hat er dich sein grosses Feuer sehen lassen*, seine Glorie im Himmel und sein
Feuer und seine Macht auf der Erde."

43 In bSukka 5a steht שכינה/*schekhina* statt כבוד/*kabod*.

44 Dazu, dass Ex 20,22 auch anderswo die Unterscheidung zwei verschiedener Sphären
anzeigt, vgl. pSchab 1,1 (2d); in bSukka 5a sind die Diskurse aus pSchab 1,1 (2d) und
den hier behandelten Mekhiltaabschnitten miteinander verbunden.

These: Der scheinbare Widerspruch von Ex 19,20 und Ex 20,22 weise, eben weil es sich um einen Widerspruch handelt, unmittelbar auf die eine, im Namen Rabbi Aqibas vorgetragene Lösung hin: Eher verbiegt Rabbi Aqiba die Himmel, als dass er einen Widerspruch zwischen zwei Versen stehen liesse! Er erzwingt es, dass sich hinter der Aporie etwas für Israel Positives verbirgt.[45] Wieder hat für Rabbi Aqiba die Theologie bzw. die vollkommene Tora Priorität vor der Empirie. Die Schlusswendungen beider Passagen bieten jeweils unterschiedliche Perspektiven auf den Vers Ex 19,20. Abschnitt 3a integriert die Sichtweise Rabbi Aqibas in den Vers, indem dieser nun so gelesen wird, dass eine maximale gegenseitige Annäherung, jedoch kein Übergang in einen anderen Bereich stattfindet: Gott steigt *zum Gipfel des Berges* hinab, während Mose fast spiegelbildlich ebenfalls *zum Gipfel des Berges* hinaufsteigt. Dies können nun auch die beiden ersten und letzten Worte des Verses unterstreichen: *Und jhwh stieg herab* (יי וירד/*wa-jered ha-schem*) – *und Mose stieg hinauf* (משה ויעל/*waja'al moscheh*). Abschliessend kann Rabbi (Jehuda Ha-Nassi) nun in 3b darauf hinweisen, dass es nicht unbedingt problematisch sein müsse, einen Übergang Gottes in einen anderen, den irdischen Bereich zu denken. Mit einem Schluss vom Leichteren auf das Schwerere kann er zeigen, dass, wenn schon die Sonne in einen Bereich, der nicht ihr eigentlicher ist, hineingelangen kann, Gott dies umso mehr können muss. Damit ist der in 2b geäusserte Gedanke aufgenommen und weiter entwickelt, und es stehen nun zwei nur scheinbar gegensätzliche Positionen nebeneinander: Einmal, dass kein Übergang stattgefunden habe, auch wenn der Literalsinn dies vermuten lasse (3a), und zum anderen, dass der Übergang, selbst wenn er allein mit dem Schrifttext leicht widerlegbar sei, kein Problem darstelle (3b).

5.3. Tora vs. Empirie?

Die Frage ist, wie die Tatsache, dass die Midraschautoren hier aus der Differenz zwischen Ex 19,20 und Ex 20,22 schliessen, dass dann Gott den Himmel zum Sinai hin verbogen haben müsse, zu bewerten ist.

---

45 Vgl. auch die Doppelerzählung von den Besuchen der Rabbinen in Rom und im verwüsteten Tempelareal, SDtn 43 (par. KlglR zu 5,18; bMakkot 24a.b).

Immerhin wird dieses surreale Bild in 2a – und stärker noch in 2b – als exegetische Konsequenz vorgetragen und nicht als poetische Metapher. Dies gibt dem Surrealen den Anstrich des Absurden. Die von Abraham Geiger gestellte Frage nach dem „exegetischen Gewissen" der Vertreter der rabbinischen Bewegung erweist sich hier als ausserordentlich sachgerecht,[46] wenn auch eine Kritik am geringen Interesse der Rabbinen am biblischen Literalsinn dem Anliegen des Midrasch nicht gerecht wird. Vielmehr sollte die erkennbare doppelsinnige Haltung der Autoren zu ihrer Auslegung gedeutet werden: Die Auslegenden zeigen hier einerseits, dass ihnen auch in ausweglosen Situationen noch etwas einfällt – oder mehr noch: Sie zeigen, dass sie nicht anders denken *wollen*, als dass sie die Ausweglosigkeit als Anzeichen für eine unmittelbar präsente Lösung interpretieren. Ausserdem zeigen sie, indem die Differenz der Auslegung zum Vers hier durch nichts abgemildert wird, dass ihnen die Absurdität und der bittere Sarkasmus dieser Bibelinterpretation bis zum Äussersten bewusst sind. An dieser Stelle wird das Wissen der Autoren um die Ungesichertheit ihrer Schlüsse erkennbar – eine Auslegung ist, auch wenn sie von Rabbi Aqiba kommt, nicht mehr als eine Auslegung. „Rabbi Aqiba" ist durch seine biographische Konnotation sogar eher ein Signal für die „Unglaubwürdigkeit" der rabbinischen Schrift- und Weltdeutung: Zwar steht er dafür, die rabbinische Tora gegen die erfahrbare Realität zu halten, doch zahlt er letztendlich im Martyrium den Preis der Differenz zwischen beiden. Damit setzt die Auslegung eine Dynamik in Gang: Textbezug und Ungesichertheit der Auslegung verweisen immer wieder aufeinander (gerade die Ungesichertheit des midraschischen Schlusses verweist am Ende wieder auf den Schrifttext), wobei eine abschliessende Bestätigung der einen oder anderen Seite nicht in Sicht ist.[47] So bleibt offen, ob der Schluss des Rabbi Aqiba nicht sogar richtig sein könnte. Leserinnen und Leser finden sich – erneut aufgrund ihrer Zugehörigkeit „zur Tora" – in der Situation wieder, diesen unauflöslichen Widerspruch zwischen Tora und Empire zu übernehmen und sich mit den Vertretern der rabbinischen Bewegung zu solidarisieren.

---

46 Vgl. Geiger (1844), I 55,71 u.ö.

47 Diese literarische Beobachtung soll freilich nicht dazu führen, dem Midrasch bzw. der rabbinischen Literatur unbegrenzten Pluralismus zuzuschreiben, dies hat Boyarin (2002) überzeugend dargelegt.

6. Ergebnisse

Die einzelnen Textlektüren haben ergeben, dass die midraschische Verknüpfung von Vers und Deutung eine Fülle literarischer Möglichkeiten bietet:

1. Die Leserinnen und Leser werden herausgefordert, mit Hilfe ihrer Kenntnis des Konsonantentextes der Hebräischen Bibel die zunächst verblüffenden midraschischen Auslegungen am Text zu prüfen. Durch die Nachvollziehbarkeit der Textbezüge erweisen sich die theologischen Konzepte der rabbinischen Autoren als „selbstevident".

2. Auf diese Weise gelingt es den Autoren, die Autorität der Hebräischen Bibel als Autorität der „Tora" in Anspruch zu nehmen und Midrasch wird zur Möglichkeit, die Offenbarung der Tora zu aktualisieren. Der jeweils erwähnte Rabbi wird zum Träger und Mittler dieses Aspekts der Bedeutung der Tora.

3. Der Midrasch ist jedoch weit davon entfernt, seine Inhalte in totalitärer Weise zu vermitteln. Im Gegenteil, die Nebeneinanderstellung von Vers und Deutung erweist sich sogar als Möglichkeit, die Differenz beider und den arbiträren Charakter der Deutung präsent zu halten.

Vor allem hat sich gezeigt, dass der rabbinische Midrasch eine literarische Gattung darstellt, die Leserinnen und Leser in hohem Masse involviert; sie bekommen Anteil an der Implementierung von Bedeutung in den Schrifttext. Midrasch wurde somit zu einem Instrument, eine im Sinne der rabbinischen Bewegung neu determinierte jüdische Identität in einem integrativen und multiplikativen Prozess zu konstituieren und zu stärken.

Literatur

BOYARIN, Daniel: Den Logos zersplittern. Zur Genealogie der Nichtbestimmbarkeit des Textsinns im Midrasch, Berlin 2002.

BOYARIN, Daniel: Intertextuality and the Reading of Midrash, Bloomington 1990.

Encyclopaedia Judaica, Jerusalem 1978.

FELDMAN, Louis: Abraham the Greek Philosopher in Josephus, in: Transactions and Proceedings of the American Philological Association, Vol. 99/1968, 143-156.

FONROBERT, Charlotte Elisheva: The Handmaid, the Trickster and the Birth of the Messiah. A Critical Appraisal of the Feminist Valorization of Midrash Aggadah, in: BAKHOS, Carol: Current Trends in the Study of Midrash, Leiden 2006, 245-273.

GEIGER, Abraham: Das Verhältniß des natürlichen Schriftsinnes zur talmudischen Schriftdeutung, in: Wissenschaftliche Zeitschrift für jüdische Theologie 1/1844, 53-81; 2/1844, 234-259.

GOLDBERG, Arnold: Die Schrift der rabbinischen Schriftausleger, in: Frankfurter Judaistische Beiträge 15 (1987), 1-15. (Abdruck in: Rabbinische Texte als Gegenstand der Auslegung, Gesammelte Schriften II, Tübingen 1999, 230-241).

HEINEMANN, Isaak: Altjüdische Allegoristik, in: Bericht des Jüdisch-Theologischen Seminars (Fraenkelsche Stiftung), Breslau 1935, 5-88.

HEINEMANN, Isaak: Darkhe ha-agada, Jerusalem 1954.

HEINEMANN, Joseph: The Nature of Aggadah, in: Midrash and Literature (hg. von Geoffrey H. Hartman und Sanford Budick), Yale 1986, 41-55.

LENHARDT, Pierre / VON DER OSTEN-SACKEN, Peter: Rabbi Akiba, Berlin 1987.

Mechilta d'Rabbi Ismael (Ausgabe H.S HOROVITZ / I.A. RABIN), Frankfurt 1928-31.

Midrasch Bereshit Rabba. Critical Edition with Notes and Commentary (J. THEODOR / Ch. ALBECK), Jerusalem 1965.

Midrasch Rabba (Ausgabe Arieh MIRKIN), Tel Aviv 1956-67.

MÜLLER, Klaus: Tora für die Völker. Die noachidischen Gebote und Ansätze zu ihrer Reflexion im Christentum, Berlin 1998.

NEUSNER, Jacob: Das pharisäische und talmudische Judentum, Tübingen 1984.

NEUSNER, Jacob: Uniting the Dual Torah. Sifra and the Problem of the Mishnah, Cambridge 1989.

NEUSNER, Jacob: What is Midrash?, Philadelphia 1987.

PORTON, Gary: Midrash: Palestinian Jews and the Hebrew Bible in the Greco-Roman Period, in: ANRW 19,2, 103-138.

PORTON, Gary: Midrash, Definitions of, in: Encyclopedia of Midrash (hg. von Jacob Neusner und Alan J. Avery-Peck), Leiden 2005, 520-534.

SCHWARTZ, Seth: Imperialism and Jewish Society 200 B.C.E. to 640 C.E., Princeton 2001.

REICHMAN, Ronen: Mishna und Sifra: Ein literarkritischer Vergleich paralleler Überlieferungen, Tübingen 1998.

STERN, David: Midrash and Theory. Ancient Jewish Exegesis and Contemporary Literary Studies, Evanstone 1996

ZUNZ, Leopold: Die gottesdienstlichen Vorträge der Juden historisch entwickelt. Ein Beitrag zur Alterthumskunde und biblischen Kritik, zur Literatur- und Religionsgeschichte, Berlin 1832.

Die Entstehung eines feministischen Kommentars zu Mischna und Babylonischem Talmud. Ein Beispiel aus dem Traktat Ta'anit (Tal Ilan)*

Die Mischna und der Babylonische Talmud werden heute als Zweite Tora des Judentums betrachtet. Das bedeutet, dass sie als Texte wie als kanonische Schriften anerkannt werden. Weil beide Schriftwerke hauptsächlich dabei helfen sollen, halachische (gesetzliche) Entscheidungen zu jüdischem Recht und jüdischer Praxis zu treffen, thematisiert ihr Inhalt die Frage, was ein Jude ist. Sich zu weigern, diese Schriften als kanonisch zu betrachten, hieße, sich außerhalb des Judentums zu stellen.

Eines der Ziele, das die Pionierinnen der feministischen Theologie der Neuen Frauenbewegung in den siebziger und achtziger Jahren des 20. Jh. formulierten, war eine Kritik der grossen kanonischen Werke ihrer Religionen, um deren patriarchalen und androzentrischen Charakter aufzuzeigen. Gelehrte, die an diesem Vorhaben beteiligt waren, haben zwar die Hebräische Bibel und das Neue Testament ausführlich analysiert, Mischna und Talmud erhielten dagegen weit weniger Aufmerksamkeit, obwohl sie zur selben theologischen Tradition gehören. Die Gründe hierfür sind verschieden und schliessen diejenige christliche Sichtweise ein, der zufolge jüdische Schriften nur insofern für relevant gehalten werden, als dass sie einen Hintergrund für das Christentum darstellen (ein Problem, das hier nicht weiter behandelt werden soll). Der Hauptgrund für die Vernachlässigung der rabbinischen Texte scheint mir jedoch darin zu liegen, dass die rabbinische Literatur sehr breit angelegt und absichtlich kompliziert ist. Das Training, das zum Verständnis dieser Texte aus einer feministischen Perspektive heraus notwendig ist, braucht mehr Zeit und Engagement, als erforderlich ist, um die Hebräische Bibel zu lesen. Zudem ist es schon lange in jüdischen und christlichen Kreisen üblich, Frauen in der Bibel zu unterweisen, es gibt jedoch kaum eine

---

* Übersetzung aus dem Englischen von Esther Kontarsky und Susanne Plietzsch. Die von der Autorin auch in ihren anderen Werken praktizierte Umschrift wurde beibehalten.

Tradition, Frauen auch Gemara bzw. Talmud zu lehren. Nachdem Feministinnen jedoch dreissig Jahre lang auf eine Ausbildung von Frauen in rabbinischer Literatur gedrängt haben und es inzwischen eine Generation feministisch-rabbinischer Gelehrter gibt, ist ein feministischer Kommentar zu Mischna und Talmud ebenso wünschenswert wie möglich geworden.

Doch was bedeutet feministische Kritik von Mischna und Talmud? Manche verstehen darunter eine Lektüre, die eine Ungleichheit der Geschlechter herausstellt, welche dann durch das religiöse Establishment korrigiert werden sollte; dazu gehört nicht selten auch die Ansicht, dass die Texte in apologetischer Weise gelesen werden können, um eine vermeintlich positive (fast feministisch zu nennende) ursprüngliche rabbinische Agenda aufzudecken, die später arglistig zum Schweigen gebracht worden wäre und nun wiederhergestellt werden könnte. Andere meinen, dass die Texte unumkehrbar „negativ" seien und folglich neu formuliert werden müssten, um ein zukunftsweisendes Judentum auf den Weg zu bringen. In beiden Fällen handelt es sich jedoch mehr um ein politisches als um ein akademisches Vorhaben. Feministische Akademikerinnen meinen heute, obwohl sie verschiedenen Methodologien und Disziplinen angehören, dass es lohnend ist, rabbinisches Selbstverständnis wie auch die rabbinische Haltung gegenüber Frauen und Gender in sich selbst zu verstehen. Denn als die Rabbinen die Mischna und den Babylonischen Talmud (*Bavli*) formulierten, trafen sie aus ihrem Verständnis von Gender und Geschlechtsrollen heraus gesetzliche Entscheidungen, die nicht nur ihre Haltung zu Frauen beeinflussten, sondern ausserordentlich viele Aspekte ihres Lebens. Bis zum Aufkommen des Feminismus und der Gender Studies wurden diese Aspekte nicht erforscht. Dieser Aufsatz ist ein Versuch, einen dementsprechenden Blick auf ein Talmudtraktat zu werfen.

Gegenwärtig wird am Institut für Judaistik der Freien Universität Berlin im Rahmen eines Projekts der Versuch unternommen, einen feministischen Kommentar zur Ordnung Mo'ed (Feste, Festtermine) in Mischna und Talmud zu erstellen. Die Ordnung Mo'ed widmet sich den jüdischen Festen und ihren Ritualen. Sie ist die „jüdischste" unter allen Ordnungen der Mischna, weil sie definiert, welche Handlungen eines Menschen ihn oder sie als jüdisch erkennbar machen. Eine feministische

Analyse dieser Ordnung wird zu klären helfen, in welchem Masse die Kompilatoren der Mischna und ihres Kommentars, des *Bavli*, Frauen für vollgültige Juden hielten. Die Ordnung Mo'ed enthält elf Traktate, von denen im Rahmen des genannten Projekts jedes einer feministischen Gelehrten zur Interpretation übergeben wurde. Ich habe den Traktat Ta'anit ausgelegt. Dieser Traktat beschäftigt sich mit dem Fasten, welches im Angesicht einer Katastrophe, die das Volk erleidet, angeordnet wird. Es wird davon ausgegangen, dass solche Bedrängnisse wie Krieg, Heuschreckenplagen, Erdbeben, besonders aber ausbleibender Regen, Trockenheit und Hunger die Folgen menschlicher Sünden sind. Das Fasten wiederum ist dann ein Ausdruck der Busse, mit der beabsichtigt wird, Gott zu besänftigen und ihn zu überzeugen, die Ursachen all dieser Nöte zu beseitigen. Im Folgenden sollen die Hauptthemen dieses Traktats feministisch interpretiert werden. Im Mittelpunkt steht dabei eine textliche und kulturelle Interpretation der Genderaspekte von Regen und ausbleibendem Regen.

1. Die Mischna

1.1. mTa'anit 1,1: die das Land befruchtende Kraft des Regens

Der Mischnatraktat Ta'anit beginnt mit den Worten:

> Von welcher Zeit an erwähnt man die גבורות/*gevurot* der Regenfälle?

Wie für die Mischna typisch, werden zwei mögliche Antworten auf diese Frage gegeben:

> Rabbi Eliezer sagt: vom ersten Tag des (Sukkot)-festes an; Rabbi Jehoschua sagt: vom letzten Tag des (Sukkot)-fests an (mTa'an 1,1).

In einem Land, in dem der Sommer voller Trockenheit ist, und der Regen erst im Oktober zu fallen beginnt, ist es berechtigt, sich zu fragen, wann es denn ratsam sei, mit dem Gebet um Regen zu beginnen. Der Regen wird in dieser Tradition mit dem pluralen hebräischen Terminus

„גבורות/*gevurot*" näher beschrieben, dessen Übersetzung ganz und gar nicht unkompliziert ist. Ein Wörterbuch des modernen Hebräisch übersetzt den Singular „גבורה/*gevurah*" mit „Heldenmut, Kraft".[1] Eliezer Diamond schlug Begriffe wie „wonder, miracle" vor;[2] beides sind Vermutungen, basierend auf einem populären Sprachgebrauch. Sicher ist, dass das Wort von dem hebräischen Wort für „Mann" (גבר/*gever*) abstammt. Ich wähle daher unter Bezugnahme auf das Lateinische „vir/Mann" die Übersetzung „viriler Regen". Der Gebrauch gerade dieser Terminologie ist, so vermute ich, kein Zufall. Der Regen, um den die Rabbinen beim Anbruch des Winters beten, ist ein Regen mit männlicher Kraft; das bedeutet, er kann die Erde „schwängern" und Dinge hervorspriessen lassen.

Ich bin nicht die Einzige, die so denkt. Eine kurze lexikalische Analyse dieses Begriffs ist im Babylonischen Talmud zu finden, und zwar in dessen Interpretation des Mischnatexts. Hier wird eine ähnliche Behauptung aufgestellt:

> Warum werden sie virile Regen genannt? Da sagte Rabbi Jochanan: Weil sie mit Virilität fallen. Wie geschrieben ist (Ps 65,7): [...], *der in seiner Macht die Berge fest verankert, der mit Männlichkeit* (גבורה/*gevurah*) *gegürtet ist*" (bTa'an 2a).

In seiner Deutung präsentiert Rabbi Jochanan zwei Argumente. Zuerst erklärt er das Problem in tautologischer Weise: Der Regen ist viril, weil er mit Virilität fällt (bzw.: „er wird heldenhaft genannt, weil er heldenhaft fällt", bzw.: „er ist wunderbar, weil er wunderbar fällt"), und im Anschluss daran erwähnt er einige Verse, die nicht einmal dieses Wort erwähnen, um die Behauptung zu untermauern. Der letzte Vers jedoch, den er zitiert – Ps 65,7 – erwähnt in der Tat den Begriff der גבורה/*gevurah*, und zwar in einer überaus eindrucksvollen Formulierung: Er beschreibt Gott als einen Mann, der sich gürtet (נאזר/*ne'esar*), d.h., der ein Kleidungsstück anlegt, das seine Lenden bedeckt halten soll (אזור חלציים/ *esor chalazajjim*, vgl. hierzu z.B. Jes 11,5 und besonders Hiob 38,3). In

---

1 Lavy (1975), 88.
2 Diamond (1990), 149-50.

diesem Vers werden also mit גבורה/*gevurah* explizit Gottes körperliche Attribute der Männlichkeit assoziiert.[3]

„Viriler Regen" ist allerdings nicht der einzige sexuell konnotierte Terminus, den die Rabbinen zur Beschreibung des Regenfalls verwenden. In mTa'an 3,1 lesen wir über den fallenden Regen:

> Die Ordnung dieser Fasten (bezieht sich) auf die erste *revi'ah* (רביעה).

Der Begriff *revi'ah* wird gewöhnlich mit „Regenfall" übersetzt, aber wieder beachtet diese Übertragung nicht die verschiedenen lexikalischen Aspekte des Begriffs. Unabhängig vom hier vorliegenden Kontext schlägt das bereits erwähnte Wörterbuch die Übersetzung „Paarung, Befruchtung (v. Tieren)" vor.[4] Diese höchst sexuelle Konnotation war den Rabbinen durchaus bekannt. Die Tosefta, eine ständige zeitgenössische Begleiterin der Mischna, erklärt diesen Terminus folgendermassen:

> Warum wird es *revi'ah* genannt? Weil (der Regen) mit der Erde kopuliert (tTa'an 1,4).

In einer Ergänzung dieser Baraita im Babylonischen Talmud ist dieser Begriff noch eindeutiger definiert:

> Wie Raw Jehuda sagte: Der Regen ist der Herr (der Gatte, der Penetrierende, בעלה/*ba'alah*) der Erde (bTa'an 6a.b).

Beide Texte zeigen an, dass für die Rabbinen Regen metaphorisch mit dem männlichen sexuellen Akt des Penetrierens und Befruchtens verbunden ist. Der erwähnte Text aus der Tosefta weist ausserdem darauf hin, dass die Rabbinen auch den weiblichen Partner in diesem sexuellen Akt benannten: das Land. Wir lesen im selben Abschnitt der Tosefta:

---

3   Zum männlichen Körper Gottes vgl. Eilberg-Schwartz (1994), 59-133.
4   Lavy (1975), 527.

Es sprach Rabbi Schimon ben Elazar: Auf jede Handbreit, die von oben herabfällt, erwidert das Land, indem es das Doppelte (der Menge) ausscheidet (פולטת/*poletet*) (tTa'an 1,4).

Welche Funktion hat hier die auf das Land (ארץ/*erez* f.) bezogene hebräische singulare Partizipialform *poletet* – „indem *sie* ausscheidet"? In der tannaitischen Literatur (Mischna, Tosefta und halachische Midraschim) erscheint dieses Wort insgesamt zwölf Mal und in jedem einzelnen Fall, den vorliegenden ausgenommen, wird es von dem Terminus „שכבת זרע/*schikhwat sera*/Samenerguss" begleitet. Während der hebräische Akt der פליטה/*plitah* („Ausscheiden, Ausstossen") in der Tat jegliche Art der Ausscheidung meint, diente er zu tannaitischen Zeiten, so folgern wir, im Singular femininum als Terminus technicus für denjenigen sexuellen Vorgang bei der Frau, welcher der männlichen Ejakulation entspricht. Die Rabbinen scheinen die Auffassung vertreten zu haben, dass Frauen wie Männer während des Geschlechtsakts Samen ausscheiden.[5] Das Land ist somit der weibliche Gegenpart des Regens im „sexuellen Akt" des Regenfalls.

1.2. mTa'anit 1,4-6: das Ritual des *Ta'anit* als Spiegelbild des ausbleibenden Regens

Welchen Einfluss hat dieses rabbinische Sprechen vom Regen mit Hilfe einer sexuellen Metapher für die Interpretationsweise des Fastens, des *Ta'anit*-Rituals? Der Vorgang des Betens und Fastens um Regen ist in mTa'an 1,4-6 detailliert beschrieben:

Wenn der Siebzehnte des Marcheschwan kommt und kein Regen gefallen ist, beginnen Einzelne drei Fasten: Sie essen und trinken, wenn es dunkel geworden ist, und es ist ihnen gestattet sich zu waschen und salben und Schuhe zu tragen und Geschlechtsverkehr zu haben (wörtlich: das Bett zu benutzen).

Wenn der Erste des Kislew kommt und kein Regen gefallen ist, bestimmt der Gerichtshof drei öffentliche Fasten: Sie essen und trinken,

---

5   Vgl. van der Horst (1994); Meacham (1995).

wenn es dunkel geworden ist, und es ist ihnen gestattet zu arbeiten und sich zu waschen und zu salben und Schuhe zu tragen und Geschlechtsverkehr zu haben.

Wenn diese vorübergegangen sind und unbeantwortet geblieben sind, bestimmt der Gerichtshof drei weitere öffentliche Fasten: Sie essen und trinken am Vortag, und es ist ihnen verboten, zu arbeiten und sich zu waschen und salben und Schuhe zu tragen und Geschlechtsverkehr zu haben, und man verschliesst die Badehäuser.

In diesem Kontext wird verständlich, dass der Verzicht auf Geschlechtsverkehr als Selbstkasteiung gedacht ist. Dies muss in einem breiteren Kontext gesehen werden: In der jüdischen Tradition wird dauerhafte Enthaltsamkeit nicht anerkannt oder empfohlen;[6] dementsprechend ist ein Mann, der gelobt hat, keinen Geschlechtsverkehr mit seiner Frau zu haben, verpflichtet, sich nach einer festgelegten Zeit von ihr scheiden zu lassen (tKet 5,6). Zeitlich begrenzte Enthaltsamkeit ist der Tradition jedoch bekannt. Paradigmatisch ist der in Ex 19,15 erzählte Fall, in dem von den Israeliten Enthaltsamkeit verlangt wurde: Als sie am Sinai standen, wurde den Männern befohlen, sich ihren Frauen drei Tage lang nicht zu nähern, um rein zu sein.[7] Reinheitsfragen stehen auf der Liste der ideologischen Gründe, sich des Geschlechtsverkehrs zu enthalten, ganz oben. Sie stellen die Grundlage für den jüdischen Umgang mit der Menstruation dar (Lev 15,19-33) und sind auch formgebender Teil jener Gesetze, die mit allen Arten von Geschlechts- und Hautkrankheiten (wie z.B. Lepra), die als rituell unrein gelten (vgl. hierzu mNeg 4,2, Sifra Mezora Parascha 2), verbunden sind.

Die Gründe, sich beim *Ta'anit* des Geschlechtsverkehrs zu enthalten, sind jedoch andere. Die Formulierung, die hier für die zeitbedingte (und zeitlich begrenzte) Enthaltung von Geschlechtsverkehr, Waschen und Salben (רחיצה סיכה ותשמיש המטה/*rechizah sikhah we-taschmisch ha-mitah*) gebraucht wird, findet sich in der Mischna auch im Zusammenhang mit dem Fasten an Jom Kippur (mJom 8,1) und in einer Baraita, die das

---

6   Boyarin (1993), 142-146, 150 (Anm. 29).

7   Dieser Vers ist die Grundlage zahlreicher feministischer Spekulationen darüber gewesen, inwieweit Frauen Anteil an der Offenbarung am Sinai gehabt hätten, vgl. Plaskow (1991), 25–26, und dagegen Safrai (1995).

individuelle Trauerritual beschreibt (pMQ 3,5 [82d]; bMQ 21a). Dass Geschlechtsverkehr zusammen mit Salben und Waschen genannt wird, zeigt, dass er als eine Handlung gilt, die den Menschen Lust bereitet, und dass der Verzicht darauf als eine Form der Selbstkasteiung verstanden wird. Ein rabbinischer Text konstatiert eindeutig, dass Geschlechtsverkehr als grosses Vergnügen betrachtet wird; im selben Text wird er ebenfalls mit Waschen und Salben in Verbindung gebracht:

> Unsere Rabbinen lehrten: Drei Dinge dringen nicht in den Körper ein, aber bringen ihm Freude: Waschen, Salben und Geschlechtsverkehr (רחיצה סיכה ותשמיש המטה/*rechizah sikhah we-taschmisch ha-mitah*). Drei sind wie die kommende Welt: Schabbat, Sonne und Geschlechtsverkehr (שבת שמש ותשמיש/*schabbat schemesch we-taschmisch*) (bBer 57b).[8]

Nach mTa'anit 1,4-6 wird klar, dass das Ritual des *Ta'anit* sich nicht auf das Fasten im Sinne eines Verzichts auf Nahrung beschränkt. Wenn kein Regen gefallen ist, kasteit man sich zunächst nur geringfügig. Hält aber der Regenmangel an, nimmt man mehr und mehr Härten auf sich (mTa'an 1,4-7). Es ist verboten zu arbeiten, sich zu waschen, zu salben und den Geschlechtsverkehr auszuüben. Auf symbolische Weise ähneln die Nöte, wie sie sich die Juden auferlegen, jenen, die das Land infolge des fehlenden Regens erleidet. Es scheint verwahrlost, liegt brach und ist unfruchtbar. Die sexuelle Enthaltsamkeit wird hier mit dem Land, das unter dem mangelnden Regen leidet, verglichen. Jüdische Männer entfernen sich von ihren Frauen, wie Gott sich vom Land Israel entfernt. Die sexuelle Metapher vom männlichen Regen und dem weiblichen Land wird im Ritual des *Ta'anit* symbolisch gespiegelt.

Der *Bavli* geht in seiner Diskussion des Textes mit dieser Interpretation konform, wenn er bemerkt:

> Es sprach Resch Lakisch: Einem Mann ist es verboten, in den Jahren des Hungers Geschlechtsverkehr zu haben, denn es steht geschrieben: *Vor den Jahren der Hungersnot wurde Joseph Vater zweier Söhne* (Gen 41,50).

---

8 Bezüglich eines feministischen Kommentars zu diesem Text vgl. Ilan (1997), 225.

Es wird gelehrt: Die keine Söhne haben, üben in den Jahren des Hungers den Geschlechtsverkehr aus (bTa'an 11a).

Diese Tradition gehört zu einer Strömung, die man als äusserst fromm bezeichnen kann. Sie betrachtet Sexualität als problematisch und rät in jedem Fall, in dem eine Gefahr abgewendet werden soll, zur Abstinenz. In diesem Falle wird unterstellt, dass, wenn der Hunger die Welt heimsucht, alles Heil in der sexuellen Enthaltung liegt. Dieses „Heilmittel" kann in diesem Zusammenhang auf zwei Weisen erklärt werden: praktisch und metaphorisch. Praktisch heisst das, man sollte in den Jahren des Hungers keinen Geschlechtsverkehr ausüben, weil Geschlechtsverkehr oftmals eine Schwangerschaft zur Folge hat und Schwangerschaft normalerweise die Geburt eines Kindes, womit ein weiterer Mund mit jener Nahrung zu versorgen wäre, an der bereits Mangel herrscht. Es ist also ein guter Rat, bei Hungersnot keinen Geschlechtsverkehr zu haben, weil so verhindert wird, dass es zu viele hungrige Münder in der Familie gibt. Zusätzlich zur praktischen spricht der *Bavli* hier jedoch auch eine metaphorisch-rituelle Ebene an: Weil Regen mit Geschlechtsverkehr und der Befruchtung des Landes verglichen wird, lassen die Juden, indem sie sich mit dem Land identifizieren, beim Fasten wegen des Regenmangels von der sexuellen Aktivität ab. Hungersnot ist zwar die Folge fehlenden Regens; weil aber während der Hungersnot das Land gleichsam an mangelndem „Geschlechtsverkehr" leidet, sollen die Juden, sich mit dem Land identifizierend, ebenfalls darauf verzichten: eine rituelle (und weniger praktische) Forderung. Die Schlusswendung dieser Textpassage vermag die Vermutung zu stützen, dass die Babylonier diese rituelle sexuelle Enthaltung mit der sexuellen Metapher von Land und Regen verknüpften. Der Text erwähnt nämlich eine Ausnahme: Menschen, die kinderlos sind (oder genauer: die keine Söhne haben), dürfen während der Hungersnot Geschlechtsverkehr haben. Zwei wichtige Prinzipien treffen in dieser Formulierung aufeinander: Einerseits wird befohlen, bei Hungersnot vom Geschlechtsverkehr abzusehen, andererseits ist ein Jude verpflichtet, fruchtbar zu sein und sich zu vermehren (vgl. mJeb 6,6), ein Gebot, dessen Erfüllung durch sexuelle Enthaltsamkeit verhindert wird. Im Ringen zwischen den beiden setzt Letzteres das Erste ausser Kraft; dementsprechend werden in der babylonischen Tradition Männer, die noch keine Söhne haben, dazu ermuntert, selbst in Zeiten des Hungers Geschlechtsverkehr zu haben. Vom praktischen Standpunkt aus könnte man sagen, dass es in Zeiten der Hungersnot keinen Unterschied macht, ob man vorher Kinder gezeugt hat oder nicht – zusätzliche Münder zu füttern, gefährdet in jedem Falle das Leben jener, die bereits da sind. Aber wenn der Verzicht auf Sexualität als metaphorisches Ritual verstanden wird, können diejenigen davon ausgenommen werden, die keine Söhne haben.

1.3 mTa'anit 1,7: „Bauen" und „Pflanzen" als Metaphern der Hochzeit

Der Mischna-Text, der das Ritual des Ta'anit beschreibt, weitet die sexuelle Metapher von männlichem Regen und weiblichen Land weiter aus, denn er fährt fort:

> Wenn diese vorübergegangen sind und unbeantwortet geblieben sind, verringert man seine geschäftlichen Unternehmungen, das Bauen und Pflanzen, die Verlobungen und Hochzeiten und das Grüssen zwischen einem Menschen und seinem Nachbarn, wie Menschen, die von Gott getadelt wurden (mTa'an 1,7).

In diesem Text werden weitere Handlungen der Selbstkasteiung angesichts des Regenmangels vorgenommen, einschliesslich der Zurückhaltung beim Bauen, beim Pflanzen und bei der Hochzeit. Die Eheschliessung wird in der jüdischen Tradition oft dem Bauen und dem Pflanzen zugeordnet. So werden in der biblischen Verfügung, die es einem Mann verbietet in den Krieg zu ziehen, wenn er kurz zuvor ein Haus errichtet hat, drei Aspekte erwähnt:

> *Dann sollen die Vorgesetzten folgendermassen zu dem Volk sprechen: Ist da einer, der ein neues Haus erbaut, es aber noch nicht eingeweiht hat? Er soll gehen und sich zu seinem Haus wenden, damit er nicht in der Schlacht stirbt und ein anderer es einweihen wird. Ist da einer, der einen Weinberg gepflanzt, ihn aber noch nicht abgeerntet hat? Er soll gehen und sich zu seinem Haus wenden, damit er nicht in der Schlacht stirbt und ein anderer ihn abernten wird. Ist da einer, der sich mit einer*

Frau verlobt hat, sie aber noch nicht geheiratet hat? Er soll gehen und sich zu seinem Haus wenden, damit er nicht in der Schlacht stirbt und ein anderer sie heiraten wird (Dtn 20,5-7).

Heirat und Begründen eines Hausstands stehen für die Fortpflanzung der jüdischen Gemeinschaft. Die Bibel und ultimativ auch die Rabbinen missbilligen die Zeugung von Kindern ausserhalb der Ehe. Demzufolge scheint es, als ob unsere Mischna hier eine Gesellschaft vor Augen hat, die radikal mit ihrem Hauptziel, der Fortpflanzung und Vermehrung des Kollektivs, gebrochen hat. Diese Steigerung der Selbstkasteiung angesichts des mangelnden Regens ist nichts anderes als eine Intensivierung der sexuellen Enthaltsamkeit während des Fastens, in einer Identifikation mit dem Land, das unter dem mangelnden Regen leidet. Enthaltung von der Eheschliessung ist eine Handlung, die den fehlenden Geschlechtsverkehr endgültig werden lässt. Sie ahmt symbolisch einen Gott nach, der beschlossen hat, seine Beziehung mit dem Land zu beenden.

Der *Bavli* geht in der Interpretation dieser Tradition – Verzicht auf Eheschliessung angesichts einer ausgebrochenen Hungersnot – noch weiter, wenn er im Lichte der sexualmetaphorischen Deutung des Regens als „Mann" und des Landes als „Frau" bemerkt:

Es wird gelehrt: (Was ist das) Erbauen (wie es in der Mischna erwähnt wird, dessen man sich enthalten soll?) – ein Bau der Freude. (Was ist das) Pflanzen (wie es in der Mischna erwähnt wird, dessen man sich enthalten soll?) – ein Pflanzen der Freude. Was ist ein Bau der Freude? Es ist einer, der ein Brauthaus für seinen Sohn errichtet. Was ist ein Pflanzen der Freude? Wer ein *akhwarnaki/abwarnaki* (אבוורנקי/אכוורנקי) von Königen errichtet (bTa'an 14b).

Der *Bavli* erklärt hier „pflanzen" als Setzen eines *akhwarnaki* (so in den Handschriften, die Druckausgaben lesen: *abwarnaki*) von Königen. Dieses Wort ist verschieden interpretiert worden. Pseudo-Raschi[9] zu bTa'an 14b schreibt:

---

9   Zum Traktat Ta'anit existiert kein Raschikommentar, der vorliegende Kommentar wird als Pseudo-Raschi bezeichnet.

Abwarnaki von Königen: Denn so pflegten sie zu tun: Wenn der Sohn eines Königs geboren wurde, pflanzten sie einen Baum in seinem Namen, und an dem Tag, an dem er gekrönt wird, macht man ihm einen Thron daraus. Eine andere Interpretation: ein grosser Baum, der der Erde Schatten spendet, und der König wandelt darunter.

Raschi selbst, der einflussreichste Talmudkommentator des 10. Jahrhunderts in Frankreich, schreibt zu diesem Terminus in bMeg 5b:

Abwarnaki: ein Baum, dessen Schatten fein ist, wie ein Baum, dessen Zweige über Stangen and Pflöcke gebogen sind, und Könige speisen darunter an sonnigen Tagen und ergehen sich in einer Vielzahl an Freuden.

Auf der Grundlage dieses Kommentars liest die Soncino-Übersetzung von bTa'an 14b: „When one erects a royal banqueting tent for his son's wedding."

Wie wir gesehen haben, spricht mTa'an 1,7 in allgemeinen Worten von einer Praxis, die darauf hinweist, dass Menschen sich rituell mit dem Land identifizieren. Dies schliesst den Verzicht auf Verlobung und Hochzeit mit ein. Neben Verlobung und Hochzeit wurden den Menschen auch noch anderer Dinge vorgeschrieben, derer sie sich zu enthalten hatten, beispielsweise das Bauen und das Pflanzen. Man könnte annehmen, dass diese beiden Verlobung und Hochzeit nicht mit einschlössen, werden letztere doch in derselben Mischna eigens erwähnt. Doch es scheint, als ob der *Bavli* diese beiden Wortpaare zusammenzieht und damit andeutet, dass der Verzicht auf Bauen und Pflanzen eine andere Formulierung für die Abstinenz von Heirat und ihren Folgen ist. Diese Interpretation hängt mit der metaphorischen Bedeutung der Worte „Bau" (בניין/*binjan*) und „Pflanzung" (נטיעה/*neti'ah*) im biblischen und rabbinischen Gebrauch zusammen und verweist auf das Begründen eines Hausstands durch die Heirat und das Aufziehen von Kindern. Es gibt viele Beispiele für diese Verwendung; ich werde mich auf einen Vers beschränken, der beides aufzeigt. In Ps 144,12 werden die Söhne eines Mannes Schösslingen (נטעים/*neta'im*) gleichgesetzt und seine Töchter dem

Aufbau eines Heiligtums (תבנית היכל/*tavnit heikhal*). Das Wort *neta'im* entstammt derselben Wurzel wie נטיעה/*neti'ah*/Pflanzung und תבנית/*tavnit* der gleichen Wurzel wie בניין/*binjan*/Bau. Daraus wird ersichtlich, dass dieser Text des *Bavli* Bauen und Pflanzen, die verboten werden, mit Verlobung und Hochzeit verbindet, die gleichfalls verboten werden. Was bedeutet es, nicht bauen zu dürfen? fragte der *Bavli*, und antwortet: Es bedeutet, dass man kein Brauthaus für den eigenen Sohn erbauen soll, denn der Sohn wird nicht heiraten. Was bedeutet es, nicht pflanzen zu sollen? fragt er, und antwortet, dass es bedeute, man solle keine temporären Hochzeitsvorrichtungen errichten, denn der Sohn werde keine Hochzeit feiern. Nach dieser Interpretation ist die Anzahl der Aktivitäten, derer man sich enthalten sollte, beschränkt. Im Wesentlichen sollten Juden von Hochzeit und Familiengründung Abstand nehmen, falls das Fasten Gott nicht hat überzeugen können, Regen zu schicken. Diese Einschränkung der Bedeutung der Mischna, die wir hier diskutieren, unterstreicht die damit zum Ausdruck gebrachte sexuelle Metaphorik. Wie das Land, das nicht bewässert wird (und also auch keinen „Geschlechtsverkehr" hat), übt auch Israel Verzicht. Die Beschränkung anderer Arten von Aktivitäten wird sekundär angesichts dieser generellen Einschränkung.

2. Der Babylonische Talmud

Der *Bavli* interpretiert nicht nur die Texte der Mischna, die diese sexuelle Metaphorik umreissen, sondern er entwickelt auch seine eigenen Variationen zum Thema. Obwohl er (über das hinaus, was oben zitiert wurde) wenig zur Imitation von Regen und Erde durch die Juden im Ritual des *Ta'anit* zu sagen weiss, hat er viel zum Regen als sexueller Metapher hinzuzufügen. Im Folgenden werden grundlegende Beispiele dafür, die im ersten Kapitel der Interpretation des Mischnatraktates Ta'anit im *Bavli* zu finden sind, angeführt.

2.1. bTa'anit 2a.b und 8a.b: die Schlüssel zu Regen, Geburt und Auferstehung

Unmittelbar nachdem der *Bavli* den Begriff „viriler Regen" erklärt hat, direkt am Beginn von Traktat Ta'anit, finden wir die folgende Überlieferung:

> Es sprach Rabbi Jochanan: Drei Schlüssel befinden sich in der Hand des Heiligen, gelobt sei er, und sind nicht in die Hand eines Gesandten übermittelt worden, und diese sind: der Schlüssel der Regenfälle, der Schlüssel der Gebärenden, der Schlüssel der Auferstehung der Toten. Der Schlüssel der Regenfälle, wie geschrieben steht: *Der Ewige wird dir seinen reichhaltigen Speicher, den Himmel, öffnen, damit das Land Regen hat zur Jahreszeit* (Dtn 28,12). Den Schlüssel der Gebärenden – woher? Wie geschrieben steht: *Und Gott gedachte der Rachel und Gott hörte auf sie und öffnete ihren Mutterschoss* (Gen 30,22). Der Schlüssel der Auferstehung der Toten – woher? Wie geschrieben steht: *Ihr sollt wissen, dass ich der Ewige bin, wenn ich eure Gräber öffnen werde* (Ez 37,13) (bTa'an 2a.b).

In dieser Tradition wird der Regen mit zwei anderen kosmischen Ereignissen verglichen: Geburt und Auferstehung der Toten. Während jedoch die Mischnatexte, indem sie eine eindeutig sexuelle Terminologie verwenden, nur indirekt auf die Verbindung zwischen Geschlechtsverkehr und Regen anspielen, werden die Wechselbeziehungen zwischen den Ebenen hier viel deutlicher gezeigt. Auch wird Gottes Funktion in diesem Gefüge direkt angesprochen. Gott kann Regen spenden oder ihn zurückhalten, genau wie er den Schoss einer Frau öffnen oder verschliessen kann und die Gräber der Toten öffnen wird.

Von einem genderspezifischen Gesichtspunkt aus betrachtet, ist die hier verwendete Metapher von den Schlüsseln hochinteressant. Während die Frau hier als Metapher für den Regen dient, dient der Schlüssel als Metapher für eine Beziehung zwischen Gott und der Fruchtbarkeit der Frau (und, in Erweiterung dessen, zwischen Gott und dem Regen mit seiner fruchtbaren Kraft und zwischen Gott und der Auferstehung der Toten mit ihren lebensspendenden Konnotationen). Dennoch gehört die Metapher vom Schlüssel wahrscheinlich ursprünglich zur Frau allein und wurde dann erweitert, um auch die anderen Elemente zu berücksichtigen. Dies kann man zeigen, indem man die Herkunft dieses babylonischen Texts zurückverfolgt. Er verweist auf einen früheren, im Land Israel entstandenen Midrasch. Dieser Midrasch, Genesis Rabba, ist ein Kommentar zum biblischen Buch Genesis. Dort heisst es in Bezug auf Rachels Unfruchtbarkeit folgendermassen:

> *Gott erhörte sie und öffnete ihren Mutterschoss* (Gen 30,22). Rabbi Menachama im Namen von Rabbi Bibi: Drei Schlüssel sind in der Hand des Heiligen, gelobt sei er: der Schlüssel des Begräbnisses, der Schlüssel der Regenfälle und der Schlüssel des Mutterschosses. Der Schlüssel des Begräbnisses – woher? *Siehe, ich öffne eure Gräber* (Ez 37,12); der Schlüssel der Regenfälle – woher? *Der Ewige wird euch seinen reichhaltigen Speicher, den Himmel, öffnen* usw. (Dtn 28,12); der Schlüssel des Mutterschosses: *Gott erhörte sie und öffnete ihren Mutterschoss* (Gen 30,22) (GenR 73,4).

Doch auch dieser Midrasch verwendet die Metapher des Schlüssels vermutlich unter dem Einfluss einer zeitgenössischen Formulierung, die sich im Midrasch zum Buch Leviticus (Leviticus Rabba) findet. Dort wird diese Metapher ausschliesslich auf eine Frau angewandt, innerhalb eines Komplexes von anderen architektonischen Elementen, die den Schoss einer Frau mit einem umschlossenen Ort vergleichen:

> Rabbi Eliezer sagt: Wie es Tore zu einem Haus gibt, so gibt es auch Tore zu einer Frau; das ist es, was geschrieben steht: *Denn sie [die Nacht] hat die Tore des Leibes [meiner Mutter] nicht versperrt* (Hiob 3,10). Rabbi Jehoschua sagt: Wie es Schlüssel zu einem Haus gibt, so gibt es Schlüssel zu einer Frau; das ist es, was geschrieben steht: *Und Gott erhörte sie und öffnete ihren Mutterschoss* (Gen 30,22). Rabbi Aqiba sagte: Wie es Scharniere (צירים/*zirim*) an einem Haus gibt, so gibt es „Scharniere" (צירים/*zirim*) an einer Frau, wie geschrieben steht: *Sie kauerte nieder und gebar, denn ihre Wehen* (צריה/*zireiha*) *ergriffen sie* (1Sam 4,19) (LevR 14,4).

In diesem Text wird nicht angedeutet, dass Gott im Besitz der Schlüssel zum Schoss einer Frau ist; es wird lediglich gesagt, dass diese Schlüssel existieren. Es besteht demzufolge kein Grund zu der Annahme, dass sie sich in den Händen Gottes befänden; im Gegenteil kann der Text durchaus nahe legen, dass sie in den Händen eines Mannes sind. Die Metapher vom Schlüssel impliziert, dass die Fortpflanzungsorgane einer Frau kontrolliert werden müssen durch denjenigen, der jeweils im Besitz des Schlüssels dazu ist. Dieses Bild kann man bereits in einem Vers aus dem Hohelied finden, das die Geliebte mit einem „verschlossenen Garten" vergleicht (גן נעול/*gan na'ul*, Hohelied 4,12). Wir können darüber spekulieren, dass ein Betreten der Einfriedung durch einen anderen als den Eigentümer des Schlüssels als unbefugter Zutritt und somit als krimineller Akt interpretiert werden kann. Diese Metapher deutet auf ein wahrhaft patriarchales Verständnis der sexuellen Funktionen einer Frau, indem ein anderer als sie selbst, wahrscheinlich ihr Mann, über diesen Bereich verfügt.[10] Die Übertragung dieser „Schlüssel" vom Mann an Gott ist Teil einer Anpassung der Schlüsselmetapher für die Frau auf die sexuelle Metapher für das *Ta'anit*-Ritual.

Der Midrasch aus bTa'an 2a.b sollte nicht losgelöst von einem anderen Text weiter unten im Talmudtraktat Ta'anit (bTa'an 8a.b) gelesen werden:

Es sprach Resch Lakisch: Was heisst *und er wird die Himmel verschliessen* (Dtn 11,17)? Wenn die Himmel verschlossen sind, Tau und Regen hervorzubringen – das gleicht einer Frau, die in den Wehen liegt, aber nicht gebiert. Und ebenso sprach Resch Lakisch im Namen von Bar Kapara: Verschliessen wird von den Regenfällen gesagt und Verschliessen wird von der Frau gesagt. Verschliessen wird von der Frau gesagt, denn es ist gesagt: *Denn der Ewige verschloss fest jeden Mutterschoss* (Gen 20,18). Und Verschliessen wird von den Regenfällen gesagt, wie geschrieben steht: *Und er verschloss die Himmel* (Dtn 11,17). Geburt wird von einer Frau gesagt und Geburt wird von den Regenfällen gesagt. Geburt wird von einer Frau gesagt, wie geschrieben steht: *Sie empfing und gebar einen Sohn* (Gen 20,23). Und Geburt wird vom Regen gesagt, weil geschrieben steht: *(Denn wie Regen oder Schnee vom Himmel fällt und nicht dorthin zurückkehrt, sondern die Erde bewässert), wodurch sie gebiert und aufzieht*

---

10 Vgl. dazu Wegner (1988), 41-45; Baker (2002) 56-59, 109-110.

(Jes 55,10). Heimsuchung (im Sinne von Empfängnis) wird von einer Frau gesagt, und Heimsuchung wird von den Regenfällen gesagt, wie geschrieben steht: *Der Ewige suchte Sara heim* (Gen 21,1). Und Heimsuchung sagt man beim Regen, wie geschrieben steht: *Du suchst die Erde heim und bewässerst sie* (Ps 65,10) (bTa'an 8a.b).

Dieser Text scheint ein Spiegelbild der Metapher von den drei Schlüsseln zu sein, wie wir sie am Beginn von bTa'anit finden. Dort lesen wir, dass Gott den Schlüssel zum Regen in den Händen hält, in derselben Weise wie den Schlüssel zum Schoss der Frau. Weil diese Schlüssel Regen wie Schoss kontrollieren, ist es nicht überraschend, dass die Zeiten vor ihrer jeweiligen Eröffnung miteinander verglichen werden können. Doch der Vergleich wird hier nicht zwischen Regen und Geburt gezogen, sondern zwischen einer Frau, die schwanger wird, und dem Land, das Regen empfängt.

Die metaphorische Verbindung zwischen Geschlechtsverkehr und der landwirtschaftlichen Aktivität des Säens ist alt und universell. Daher ist in vielen alten Sprachen, einschliesslich des Hebräischen, das Wort für Saat und Samen ein und dasselbe (זרע/*sera*). In der antiken biologischen Vorstellung war der Geschlechtsakt tatsächlich dem Aussäen vergleichbar. Die Frau wurde als fruchtbares Feld betrachtet, in das der Mann seinen Samen legt – eine Miniaturfassung des künftigen Kindes. Die Rolle der Frau im Fortpflanzungsprozess beschränkt sich dann darauf, wie beim Feld in der Natur den fruchtbaren Boden zu bieten, in welchem die Saat zur Pflanze reifen kann. Wie von vielen gezeigt worden ist,[11] liegt eine genderspezifische theologische Bedeutung in diesem Verständnis. Es kehrt den Eindruck der Geburt um, bei der die Frau aktiv erscheint und der Mann bedeutungslos. Stattdessen macht es den Mann zum hauptsächlich Aktiven in der Fortpflanzung und die Frau zur blossen Unterstützerin. Die rabbinische Literatur kennt ebenfalls die Metapher von der Frau als Feld. So lesen wir in der Mischna:

Wenn ein Mann eine Frau heiratet und findet sie nicht als Jungfrau vor, kann sie sagen: Nachdem du dich mit mir verlobt hast, wurde ich

---

11 Vgl. beispielsweise Baker (2002), 109-110; 211 Anm. 61.

vergewaltigt und dein Feld (שדך/*sadkha*) ist fortgeschwemmt worden (mKet 1,6; vgl. mKet 7,8).[12]

Doch das theologische Verständnis des Akts der Fortpflanzung im *Bavli* ist ein wenig komplizierter. Er geht davon aus, dass am Vorgang selbst Frauen und Männer beide nahezu gleichwertig beteiligt sind, dass aber Gott der wichtigste Mitwirkende ist. Im Traktat Nidda lesen wir:

> Unsere Rabbinen lehrten: Am Menschen gibt es drei Teilhaber: Der Heilige, gelobt sei er, sein Vater und seine Mutter. Sein Vater sät das Weisse, aus dem er (der Mensch) besteht: die Knochen, die Sehnen, die (Finger- und Fuss-)Nägel, das Gehirn in seinem Kopf und das Weisse, das im Auge ist; seine Mutter sät das Rote, aus dem er (der Mensch) besteht: die Haut, das Fleisch, das Haar, und das Schwarze, das im Auge ist. Und der Heilige, gelobt sei er, gibt ihm Atem und Seele, Gesichtszüge, das Sehen des Auges und das Hören des Ohres, das Sprechen des Mundes und das Gehen der Füsse, Einsicht und Verstand. Wenn seine Zeit gekommen ist, aus der Welt genommen zu werden, nimmt der Heilige, gelobt sei er, seinen Teil und legt den von Vater und Mutter vor sie (bNid 31a).[13]

Das Verständnis der Rolle Gottes bei der Empfängnis und Geburt von Menschen hat Auswirkungen auf die Art und Weise, in der die aus den Komponenten „Regen", „Erde" und „Geschlechtsverkehr" zusammengesetzte mischnische Metapher im Babylonischen Talmud rezipiert und neu bearbeitet wird. Zunächst ist zu bemerken, dass bereits im Mischnatraktat Ta'anit die bekannte sexuelle Metapher umgekehrt wird. Es ist nicht die sexuelle Aktivität, die mit der Landwirtschaft verglichen wird, vielmehr werden jahreszeitlich-landwirtschaftliche Vorgänge dem sexuellen Verkehr gleichgesetzt. Die Metapher vom Regen, der begattend in die Erde eindringt, stellt innerhalb dieses Konzepts eine überraschende Wendung dar. Einer universellen Symbolik gemäss reprä-

---

12 Vgl. dazu Epstein (1913). Zu einer feministischen Diskussion dieser Problematik vgl. Wegner (1998), 82-83.

13 Zur Diskussion dieses Texts vgl. Baskin, 21–22; vgl. van der Horst (1994).

sentiert der Mutterleib das Feld, während der männliche Samen für die Saat steht. Doch während im Mischnatraktat Ta'anit die Erde als Schoss konstant bleibt, ist an die Stelle der Saat als aktivem Element im Prozess ihrer Befruchtung der Regen getreten. Was bedeutet das und wofür steht hier der Regen? Da der Regen so offensichtlich ein Symbol der Macht Gottes ist, lässt die Mischna auf diese Weise beim Geschlechtsakt Gott an die Stelle des Mannes treten. Mit dieser Metapher kann man in einem weiteren Sinne den Eindruck gewinnen, dass die Arbeit der Menschen auf den Feldern überflüssig ist. Die „Männer" müssen nicht säen. Gottes Wirken als Regenspender mag ausreichen, um die Erde zu befruchten.

Wie wir gesehen haben, bekräftigen amoräische Fortpflanzungstheorien die Notwendigkeit des Zusammenwirkens von Mann, Frau *und* Gott, um etwas hervorzubringen. Daher wird die scheinbar derbe Metapher von Regen, Erde und Geschlechtsverkehr, wie wir sie in der Mischna vorfinden, in der sexuellen Metaphorik des Traktats Ta'anit des babylonischen Talmud korrigiert. In beiden oben zitierten Traditionen (bTa'an 2a.b und 8a.b) ist die metaphorische Rolle des Regens durch den Vergleich mit der Schwangerschaft einer Frau, lediglich die eines Vermittlers der Fruchtbarkeit des Landes. Darüber hinaus gibt bTa'an 8a.b der Gender-Metapher, die mTa'an beherrscht und von männlich-weiblicher Kopulation ausgeht, in der die Erde weiblich und der Regen männlich ist, eine besondere Wendung. Hier zwingt der Vergleich mit einer Frau in den Wehen mit dem Zurückhalten von Regen den Midraschisten dazu, den Regen mit der Frau zu vergleichen. Wie es für einen guten Midrasch üblich ist, wird der Vergleich in drei Ansätzen geboten. Zunächst wird das Ausbleiben des Regens mit intensiven und schweren Wehen verglichen. Doch wenn wir einmal zum zweiten und dritten Teil des Midrasch gelangen (Gebären und Empfängnis als gleichfalls für das Verständnis des Regens bedeutsam), fällt die Metapher zurück in den konventionellen Vergleich der Frau mit der Erde. Nicht der Regen gebiert und empfängt, sondern die Erde. Der Regen als aktiver Partner dieser beiden ist klar männlich und folglich hat es der Midraschist versäumt, die umgekehrte Metapher – eine weibliche Konnotation des Regens – zu Ende zu denken. Dies wird, obwohl es aus der gedruckten Version des *Bavli*, wie sie in der mittlerweile autoritativen (und oben zitierten) Wilna-Edition des *Bavli* nicht eindeutig hervorgeht, aus den in bTa'an 8a.b zitierten Versen erkennbar, die als Belegstellen des Vergleichs angeführt werden. Es trifft besonders auf den letzten Vers über die Heimsuchung zu (Ps 65,10), möglicherweise aber auch auf den vorletzten Vers über die Geburt, in der der Regen zwar erwähnt wird, es aber die Erde selbst ist, die gebiert (Jes 55,10). Dass dies die ursprüngliche Absicht des Textes gewesen ist, wird deutlich, wenn man die Druckfassung mit der handschriftlichen Tradition vergleicht. Im ersten wird in allen drei Fällen die Frau mit dem Regen verglichen, im letzteren jedoch wird die Frau in den zwei letzten Parallelen mit der Erde gleichgesetzt. Die handschriftliche Tradition des Midrasch hat für diesen Vergleich unterschiedliche Termini bewahrt – ein Hinweis darauf, wie sehr die im Zusammenhang mit der Gender-Metaphorik entstandene Verwirrung den Text unklar machte. Wenn wir also in einer Handschrift „Geburt wird von der Erde gesagt" (נאמרה לידה בקרקע/ *ne'emrah leidah ba-qarqa*) finden, lesen wir in anderen Handschriften „Geburt wird vom Himmel gesagt" (נאמרה לידה ברקיע/ *ne'emrah leidah ba-raki'a*). In wieder einer anderen Handschrift sowie in der gedruckten Wilna-Edition finden wir „Geburt wird von den Regenfällen gesagt" (נאמרה לידה בגשמים/ne'emrah leidah bigeschamim). Die erste dieser drei Lesarten kann als Textvariante betrachtet werden, aber die zweite ist eindeutig eine spezifische alternative Lesart des Midrasch. Daher muss eine komplexe Beziehung zwischen dem Midrasch und den Versen bestehen, die zu seiner Rechtfertigung vorgebracht werden, denn es ist durchaus denkbar, dass für die umgekehrte Metapher vom Regen als „weiblicher" Person keine drei Verse hätten aufgefunden werden können. Es ist interessant festzustellen, dass dieser Midrasch, der den Regen als weiblich beschreibt, hier Resch Lakisch zugeschrieben wird. Resch Lakisch ist Rabbi Jochanans bedeutendster Gegenspieler; beide werden in der talmudischen Literatur als unaufhörlich über jedes nur mögliche Thema streitend dargestellt, und vertreten zu fast allem gegensätzliche Meinungen.[14] Es würde also nicht weiter überraschen, dass es Resch Lakisch obliegt, die entgegengesetzte Position (Regen als weiblich) zu vertreten, wenn Rabbi Jochanan die Metapher vom Regen als männlich (in bTa'an 2a.b) vorantreibt. Am wahrscheinlichsten jedoch ist, dass beide Überlieferungen pseudepi-

---

14 Vgl. beispielsweise Kimmelman (1981).

graphisch sind. Wie wir oben gesehen haben, war es in Genesis Rabba nicht Rabbi Jochanan, der die Tradition von den Schlüsseln zum Regen und den Schlüsseln zum weiblichen Schoss vermittelt hat; dennoch ordnet bTa'anit ihm diese Überlegungen zu. Die Tradition, die hier Resch Lakisch zugeschrieben wird, findet keine Parallele in irgendeinem Midrasch aus dem Land Israel. Ich vermute, sie ist pseudepigraphisch und diesem Weisen zugeordnet, weil sie der Metapher jener Tradition widerspricht, wie sie Rabbi Jochanan zugeordnet wird.

2.2 bTa'anit 7b: Selbst die Erlösung pflanzt sich fort

Die nächste Tradition, die der *Bavli* zitiert, scheint auf dieselbe Weise zu funktionieren. Sie beginnt damit, dass sie die sexuelle Metapher vom Mann als Regen und der Frau als Erde zwar erweitern und umkehren möchte, sie aber schliesslich doch untermauert.

> Es sagte Rabbi Oschaja: Gross ist der Tag des Regens, denn an ihm ist sogar die Erlösung fruchtbar und vermehrt sich, denn es ist gesagt (Jes 45,8): *(Träufelt von oben herab, ihr Himmel, die Wolken sollen vor Gerechtigkeit überfliessen,) es öffne sich die Erde und bringe Erlösung hervor* (bTa'an 7b).

Hier deuten die Rabbinen an, dass der Regen jedes Ding sich fortpflanzen lässt, sogar die Erlösung. Obwohl die Idee, dass die Erlösung sich fortpflanzt, vom klaren Muster „Mann/Regen befruchtet Frau/Erde" abgeleitet ist, bekräftigt der Vers aus Jesaja, der zum Beweis dieser Behauptung angeführt ist (Jes 45,8), eigentlich die ursprüngliche sexuelle Metapher. In diesem Vers ergiesst der Himmel seinen fruchtbaren Samen (שחקים יזלו / *schechaqim jizlu*), den Regen, und das Land öffnet sich (תפתח ארץ / *tiftach arez*), ihn zu empfangen. Erlösung (ישע / *jescha*) ist nichts weiter als der Spross dieser sexuellen Handlung.

2.3. bTa'an 6b: der Monat Tewet als Witwe oder hässliche Frau

Ein anderer Text im *Bavli* erweitert die Metapher von Regen und geschlechtlicher Partnerschaft in eine bisher unerwartete Richtung. Wir lesen:

> Es sprach Raw Jehuda: Ein gutes Jahr ist es, wenn (der Monat) Tewet eine Witwe (ארמלתא/*armelata*) ist. Es gibt solche, die sagen: Weil die Felder nicht brachliegen (d.h. sie sind bestellt), und es gibt solche, die sagen: weil kein (Getreide-)Brand entsteht. Ist es tatsächlich so? Sagte Raw Chisda nicht: Ein gutes Jahr ist eines, in dem (der Monat) Tewet sich selbst hässlich macht (מנוולתא/*menuwlata*)? Es besteht keine Schwierigkeit (diese beiden Meinungen miteinander in Einklang zu bringen): Hier, wenn der Regen vorher schon gefallen war. Dort, wenn der Regen vorher noch nicht gefallen war (bTa'an 6b).

Obwohl der Monat Tewet ein maskulines Nomen ist, beschreiben beide Amoraim ihn mit femininen Adjektiven, die als Metapher dienen. Raw Jehuda, der einen trockenen Monat Tewet für besser hält, beschreibt ihn als Witwe (ארמלתא/*armelata*), und Raw Chisda, der von einem feuchten und schlammigen Monat Tewet spricht, vergleicht ihn mit einer hässlichen Frau (מנוולתא/*menuwlata*). Die sexuelle Metapher ist im ersten Teil dieses Statements eindeutig wirksam. Ist der Regen, der Gatte, abwesend, so ist der Monat verwitwet. Nach der üblichen Interpretation des zweiten Teils dieser Tradition ist der Monat matschig und schleimig, wenn es Regen gibt; er macht die Landschaft hässlich. Weil das Wort Tewet so eindeutig maskulin ist, könnte das weibliche Adjektiv zu seiner Beschreibung im zweiten Teil als ein Fehler erscheinen. Die Wurzel, die hierfür verwendet ist, lautet נול. Sie bedeutet „Hässlichkeit, etwas hässlich machen". Es ist jedoch erstaunlich, das Ausmass festzustellen, mit dem diese Wurzel in der rabbinischen Literatur verwendet wird, um Frauen als hässlich zu beschreiben oder auch zu zeigen, wie sie hässlich gemacht werden. In der Mischna taucht es sieben Male auf, jedoch nur zweimal (mSanh 7,3; mSot 9,15) wird es für etwas anderes als zur Beschreibung einer Frau verwendet. In allen anderen Fällen bezieht es sich auf den Verlust der Schönheit bei einer Frau. mMQ 1,7 untersagt einer Frau, sich während der Feste Schlamm auf ihren Körper zu geben, weil es sie hässlich macht (נוול הוא לה/*niwwul hu lah*). In mNed 9,10 beklagt Rabbi Jischmael die Tatsache, dass Armut die Töchter Israels hässlich macht (העניות מנוולתן/*ha-anijjut menawlatan*). In mNas 4,5 wird bemerkt, dass ein Mann den Nasiratsschwur seiner Frau annullieren kann, weil das Scheren ihrer Haare sie hässlich mache („ich mag keine hässliche Frau"/אי אפשי באשה מנולת/*i efschi be-ischah menuwelet*). mSot 1,6 und 1,7 beschreibt, wie eine Frau hässlich gemacht wird bei der Zeremonie des bitteren Wassers („um sie hässlich zu machen, zu verunstalten"/לנולה/*le-nawlah*). Genauso wird diese Wurzel im Traktat Ta'anit des babylonischen Talmud noch ein weiteres Mal verwendet, und dies, um zu beschreiben, wie eine Frau sich während des Fastens verhalten sollte.

Einer volljährigen Jungfrau (בוגרת/*bogeret*) ist es verboten, sich hässlich zu machen (לנוול עצמה/*le-nawwel azmah*) (bTa'an 13b).

Diese Beispiele genügen zur Begründung der Annahme, dass der Gebrauch eines weiblichen Nomens zur Beschreibung des Monats Tewet in Zusammenhang mit anderen femininen Metaphern aus derselben Tradition interpretiert werden sollte – der Monat Tewet als Witwe. Beide passen gut in das Schema der Interpretation des Regenfalls als Geschlechtsverkehr.

2.4. bTa'an 6b: die Begegnung von Bräutigam und Braut

In der bisher erwähnten Tradition haben wir gesehen, wie das Land mit einer Witwe bzw. einer hässlichen Frau verglichen wurde. Diese Beispiele konkretisieren die sexuelle Metapher der Mischna, die das Land generell mit allen Frauen vergleicht, und nennen bestimmte Gruppen von Frauen. Die Konkretisierung setzt sich in der nächsten Tradition fort, in der der Regen mit einer besonderen Gruppe von Männern – den Bräutigamen – verglichen wird.

Es sprach Rabbi Abbahu: Von wann an benediziert man über den Regen? (Von dem Zeitpunkt an), da der Bräutigam herausgeht, der Braut entgegen. (bTa'an 6b)

Die Frage, wann man beginnen sollte, den Regen, der gefallen ist, zu segnen, wird hier aus praktischer Sicht recht vage beantwortet. Was genau ist die Bedeutung der Formulierung „von dem Zeitpunkt, da der Bräutigam herausgeht, der Braut entgegen?" Von welcher Regenmenge an kann davon gesprochen werden, dass „der Bräutigam seiner Braut entgegengeht"? Für den Gegenstand der Diskussion ist diese Antwort nicht sehr hilfreich. Dennoch erweitert sie noch einmal die sexuelle Metapher von Regen und Erde, denn das Aufeinandertreffen von Braut und Bräutigam wird in der männlichen Literatur der Rabbinen als Beginn der sexuellen Liebe zwischen einem Mann und einer Frau betrachtet. Die Metapher von Braut und Bräutigam ist bereits in der Hebräischen Bibel wirksam: Viel ist darüber geschrieben worden, dass die Metapher von Gott als Bräutigam und Israel als Braut für die ideale frühe Beziehung zwischen Gott und Israel steht, bevor die „Braut" ihrem „Mann" untreu wurde.[15] Die Rabbinen nutzen diese Metapher weiter; indem sie das Bild des Bräutigams verwenden, der seiner Braut entgegen geht, beschrieben die tannaitischen Rabbinen Gott, wie er die Tora an Israel gibt (vgl. Mek Bachodesch 3). Im *Bavli* wird die Metapher des Zugehens auf die Braut auch einmal zur Beschreibung der Weisen Israels verwendet, die gehen, um den Schabbat zu begrüssen (bBQ 32b). Doch hier, in bTa'anit, ist der Bräutigam offensichtlich der Regen und die Braut ist die ihn erwartende Erde.

Noch aus einem weiteren Grund erscheint die Metapher von Braut und Bräutigam in diesem Kontext passend: der zu beschreibende Gegenstand ist die Zeit, in der ein Jude einen Segensspruch über den Regen zu rezitieren beginnt. Das bedeutet, dass vor diesem Zeitpunkt ein Segen unnötig gewesen wäre, da der Regen noch nicht gefallen war. Ebenso kann vermutet werden, dass vor der Hochzeit Braut und Bräutigam noch keinen sexuellen Kontakt gehabt haben. Die sexuelle Meta-

---

15 Vgl. z.B. Brenner (1995) und die übrigen Beiträge im selben Band.

pher vom Regen, der mit der Erde kopuliert, wird somit hier noch stärker präzisiert.

2.5 bTa'an 6a: der Regen als „Instrument" der Beschneidung

Eine leichte Abwandlung innerhalb der sexuellen Metaphorik wird in der folgenden babylonischen Tradition vorgestellt, die sich mit der Bedeutung des Wortes *malqosch*/מלקוש, mit dem der letzte Regen der Jahreszeit bezeichnet wird, beschäftigt:

> *Zu seiner Zeit [den Frühregen und] den Spätregen* (מלקוש/*malqosch*) (Dtn 11,14). Da sagte Raw Nehilai bar Idi, da sagte Schemuel: Eine Sache, die die Härte (קשיותן/*qaschiutan*) Israels beschneidet (מל/*mal*) (bTa'an 6a).

Das Wort *malqosch* des biblischen Hebräisch ist ungewöhnlich: Obwohl es in der Bibel recht häufig vorkommt und von seiner Bedeutung her (der letzte Regen der Saison, vgl. z. B. Dtn 11,14; Jer 5,24; Hos 6,3) eindeutig ist, wird es doch mit einer seltenen Wurzel (לקש) gebildet, deren sonstige Vorkommen schwer zu erklären sind.[16] Die Interpretation, wie sie hier dem Wort *malqosch* gegeben wird, ist genderspezifisch und schliesst die Beschneidung mit ein, d.h. eine Operation, die von Juden am männlichen Penis ausgeführt wird. Die Beschneidung ist der Eckpfeiler der Männlichkeit im Judentum und der bestimmende Faktor, der jüdische von nichtjüdischen Männern unterscheidet – und in Erweiterung dessen auch jüdische Männer von jüdischen Frauen.[17] Es könnte sogar das eine entscheidende Merkmal sein, das jüdische Frauen (wörtlich) vom jüdischen Volk trennt. Hier jedoch wird der Ausdruck metaphorisch gebraucht. Er bezieht sich auf den letzten Regen der Jahreszeit, und bTa'an 6a sagt von ihm, dass er Israels „Härte" (קשיותן/*qaschiutan*) beschneidet. Dieser letztere Terminus (קשיות/*qaschiut*) ist wahrscheinlich die Kurzform von „Halsstarrigkeit" (קשי ערף/*qoschi oref*), einer Formulierung, die in der Tora häufig gefunden werden kann (Ex 32,9; 33,3; 34,9; Dtn 9,6) und stets auf Israels Ungehorsam bezogen ist. Es ist interessant,

---

16 Vgl. Bacher (1895), 250.
17 Vgl. Cohen (2005), 111-142.

festzustellen, dass die Metapher eines unbeschnittenen Gliedes auch oftmals in der Bibel gefunden werden kann, aber nicht durchweg auf den Penis verweist; so erwähnt beispielsweise Moses seine Lippen, die unbeschnitten seien (ערל שפתים / *'arel sefatajim*, Ex 6,30). Am häufigsten aber wird das Herz des ungehorsamen Israel als unbeschnitten beschrieben (ערל לב / *'arel lev* – z.B. Dtn 10,16; Jer 9,25). Doch die Verknüpfung von Beschneidung und Israels Halsstarrigkeit ist nicht biblisch und wurde wahrscheinlich in bTa'an 6a erfunden.

Es ist für die sexuelle Metaphorik des Traktats Ta'anit, welche den Regen mit dem männlichen Sexualpartner vergleicht, bedeutsam, dass hier im Zusammenhang mit dem letzten Regen der männliche Akt der Beschneidung assoziiert wird. Man kann gut verstehen, wie dieser Text in die anderen sexuellen Anspielungen dieses Talmudabschnitts hineinpasst. Doch stimmen hier das Bezeichnende (the signifier) und das Bezeichnete (the signified) nicht mit den übrigen Stellen überein. Nicht das Männliche ist das Bezeichnende, und der Regen der Bezeichnete; eher ist hier der letzte Regen mit seinem ungewöhnlichen Namen das Bezeichnende, und das Bezeichnete ist Israel. Zwar sind das „halsstarrige" Israel und die Beschneidung von Israels unbeschnittenen Teilen an dieser Stelle typische biblische Metaphern; doch die Verwendung des letzten Regens als „Messer" für die Durchführung dieser Operation ist ungewöhnlich.

3. Schluss

In diesem Aufsatz habe ich versucht zu zeigen, wie eine feministische und gendersensible Lektüre eines Mischna- bzw. Talmudtraktates als eigenständige literarische und kulturelle Einheit bestimmte Aspekte herausarbeiten kann, die zuvor nicht eindeutig erkennbar gewesen sind. Weder kritisiert dieser Aufsatz die Rabbinen noch ergreift er ihre Partei. Er zeigt nur auf, wie ihr Konzept bestimmter Termini, die metaphorisch zur Beschreibung eines Rituals und seiner Komponenten verwendet werden, uns beim Verständnis der rabbinischen Wahrnehmung von Gender und Genderbeziehungen helfen kann. Ich bin mir im Klaren darüber, dass sich nicht alle Mischna- oder Talmudtraktate für diese Art der Analyse anbieten, aber ich vermute, dass viele dafür geeignet wären, von denen man es anfangs nicht vermutet hätte.

Literatur

BACHER, Wilhelm (Hg.): Sepher Hashoraschim von Abdul Merwân Ibn Ğanâh, Aus dem Arabischen ins Hebräische übersetzt von Jehuda Ibn Tibbon, Berlin 1895 (h).

BAKER, Cynthia M.: Rebuilding the House of Israel: Architectures of Gender in Jewish Antiquity, Stanford 2002.

BASKIN, Judith (Hg.), Jewish Women in Historical Perspective, Detroit 1998.

BOYARIN, Daniel: Carnal Israel: Reading Sex in Talmudic Culture, Berkeley 1993.

BRENNER, Athalya: On Prophetic Propaganda and the Politics of 'Love': The Case of Jeremiah, in: dies. (Hg.), A Feminist Companion to the Latter Prophets, Sheffield 1995, 256–274.

COHEN, Shaye J. D.: Why aren't Jewish Women Circumcised? Gender and Covenant in Judaism, Berkeley 2005.

DIAMOND, Eliezer B.: A Model for a Scientific Edition and Commentary for Bavli Ta'anit Chapter 1, with a Methodological Introduction, Ann Arbor 1990 (h).

EILBERG-SCHWARTZ, Howard: God's Phallus and Other Problems for Men and Monotheism, Boston 1994.

EPSTEIN, Jacob N.: Zu dem Ausdruck ארץ בעולה (erez be'ula) in Jes 62,4, in: ZAW 33 (1913), 81–83.

VAN DER HORST, Piet: Sarah's Seminal Emission: Hebrews 11 in the Light of Ancient Embryology, in: Hellenism-Judaism-Christianity. Essays on their Interaction, Kampen 1994, 203–223.

ILAN, Tal: Mine and Yours are Hers: Retrieving Women's History from Rabbinic Sources, Leiden 1997.

KIMELMAN, Reuven: The Conflict between R. Yohanan and Resh Laqish on the Supremacy of the Patriarchate, in: Studies in the Talmud, Halacha and Midrash, Jerusalem 1981 (Proceedings of the Seventh World Congress of Jewish Studies), 1-20.

LAVY, Jaacov: Langenscheidts Handwörterbuch Hebräisch-Deutsch, Berlin 1975.

MEACHAM, Tirzah Z., Dam Himud – Blood of Desire, in: Koroth 11 (1995) 82–89.

PLASKOW, Judith: Standing Again at Sinai, San Francisco 1991.

SAFRAI, Shmuel: The Mitzvah Obligation of Women in Tannaitic Thought, in: Bar Ilan 26-27 (1995) 227–36 (h).

WEGNER, Judith R.: Chattel or Person: The Status of Women in the Mishnah, Oxford 1988.

WEGNER, Judith R.: The Image and Status of Women in Classical Rabbinic Judasim, in: BASKIN, Judith (Hg.): Jewish Women in Historical Perspective, Detroit 1998, 68-93.

Narrative Kritik der rabbinischen Bibelauslegung im Alphabet des Ben Sira (Dagmar Börner-Klein)

Das Alphabet des Ben Sira wurde wahrscheinlich zwischen dem 8. und 11. Jahrhundert von einem unbekannten Autor verfasst. Das Werk liegt in ca. einhundert voneinander stark abweichenden Handschriften sowie zahlreichen alten Drucken vor.[1] In der Handschrift Kaufmann 59 des Rabbinerseminars in Budapest,[2] aus der die hier behandelten Texte stammen, umfasst das Alphabet des Ben Sira fünf Teile:[3]

1) eine exegetische Einleitung (zu Hiob 5,9 bzw. 9,10),
2) die Geschichte von Ben Siras Zeugung bis zum Alter von einem Jahr,[4]
3) den Dialog zwischen Ben Sira und seinem Lehrer, der aus hebräischen, alphabetisch geordneten Sinnsprüchen besteht,
4) den Dialog zwischen Ben Sira und Nebukadnezar und
5) die aramäischen, alphabetisch geordneten Sinnsprüche Ben Siras, von denen einige auf Ben Siras Sohn Usiel und Ben Siras Enkel Josef ben Usiel deuten.

Das Alphabet des Ben Sira gilt als eine der ersten Erzählsammlungen, die in hebräischer Sprache überliefert sind,[5] es wurde aber auch als Satire[6] oder Parodie[7] der rabbinischen Literatur bezeichnet. Hier soll als Gegengewicht zu diesen Interpretationen gezeigt werden, dass sich das Alphabet des Ben Sira in Form von Erzählungen kritisch mit der tradi-

---

1 Vgl. Yassif (1984), 16-19, 188-190; Epstein (1957), 115.
2 Friedmann/Löwinger (1926), 250-281; Genizah Fragmente: Hopkins (1978), 57-60; 66; 78-85. Ms Kaufmann 59 liegt auch der hebräisch-deutschen Textausgabe Börner-Klein (2007) zugrunde.
3 Vgl. Dan, EJ 3, 548-549.
4 Vgl. Yassif (1984), 32-36.
5 Vgl. Yassif (1984), 169; Reifman (1873), 124-138; Dan (1974), 68-78; Yassif (1980), 97-117; Dan (1997), 11-13.
6 Vgl. Dan, EJ 3, 548.
7 Vgl. Stern/Mirsky (1990), 167.

tionellen jüdischen Bibelauslegung auseinandersetzt und eine narrative Kritik zur Bibelauslegung in der Midraschliteratur entwickelt. Die in dem Alphabet des Ben Sira formulierte narrative Kritik ist eine zweifache: Sie zielt auf formale Mängel und auf inhaltliche Unstimmigkeiten in der rabbinischen Bibelauslegung. Formal richtet sich die Kritik gegen die rabbinische Hermeneutik, d.h. gegen die Anwendung der Auslegungsregeln, die als willkürlich empfunden wird. Der unbekannte Autor des Alphabets des Ben Sira zeigt, dass die konsequente Anwendung dieser Regeln zu abwegigen Interpretationen führen kann. Die Kritik will auf eine Schwäche aufmerksam machen, um sie zu überwinden, auch in Bezug auf die rabbinische Bibelauslegung.

Die rabbinische Bibelauslegung folgt dem Grundsatz, dass die Bibel als Wort Gottes alle Informationen enthält, die nötig sind, um sie richtig verstehen zu können. Daher geht es den Rabbinen darum, aus dem Text der Bibel mit Hilfe von festgelegten Verfahren Informationen zu erschliessen. Diese Verfahren sind als die sieben Regeln Hillels,[8] die dreizehn Regeln Jischmaels und die zweiunddreissig Regeln Eliezers überliefert.[9] Die Wahl der Regel liegt weitgehend im Ermessen des Anwenders, sofern dieser die Regel regelgerecht anwendet. In der Wahl der jeweiligen Regel liegt nun eine gewisse Willkür. Möchte ein rabbinischer Gelehrter einen Bibeltext in einem bestimmten Sinn verstehen, sucht er die Regel, die es ihm ermöglicht, dieses Textverständnis zu konstruieren oder zu belegen. Das Alphabet des Ben Sira führt vor Augen, wie dies funktioniert. Im Folgenden soll anhand von neun Textpassagen gezeigt werden, inwiefern das Alphabet des Ben Sira den rabbinischen Umgang mit der Schrift kritisiert und ein eigenes Konzept entwickelt:

1. Das „Gewicht" Josuas – Deduktion von Details aus dem Bibeltext

Die zwölfte Frage, die Nebukadnezar an Ben Sira stellt, warum ein Ochse kein Haar in bzw. unter seiner Nase habe, knüpft an die Tatsache

---

8 Vgl. Patte (1975), 109-115.
9 Vgl. Enelow (1933), 9-41; ders. (1932/33), 357-367; Mulder/Sysling (1990), 584-594.

an, dass biblisch wenig über Josua, den Nachfolger Moses, bekannt ist. Bekannt ist jedoch die Geschichte vom Fall Jerichos.[10] Jericho wird an sechs Tagen von den Kriegsleuten der Israeliten, sieben Priestern mit Schofarhörnern und von Josua mit der Bundeslade umrundet. Am siebten Tage stimmen die Kriegsleute ein Kriegsgeschrei an, die Priester blasen die Schofarhörner und die Stadtmauern fallen ein. Das Alphabet des Ben Sira versucht nun, diese Szenerie zu beleben:

Und weiter fragte er ihn:[11] „Warum hat ein Ochse kein Haar in seiner Nase?"
(Ben Sira) sagte zu ihm: „Als Josua und die Israeliten Jericho umkreisten, brachte man ihm einen Esel, um auf ihm zu reiten. Er brach aber unter ihm zusammen. (Daraufhin brachte man) ein Pferd, und auch das brach unter ihm zusammen. Und so starben alle Tiere unter ihm weg ob der Fülle seines Gewichts, bis man ihm einen Ochsen brachte. Und auf dem ritt er und umkreiste mit ihm Jericho. Als Josua sah, dass er ihn ertrug, da hob er den Kopf jenes Ochsen und küsste ihn unter seine Nase. Und (deswegen) kommt an dieser Stelle weder bei ihm, noch bei einem seiner Nachfahren, je ein Haar hervor."[12]

Die grosse, fast rituell anmutende Anstrengung, die unternommen wird, um Jericho einzunehmen, unterstreicht die Bedeutung der Stadt; sie muss gross und reich gewesen sein, so dass sich eine solche Anstrengung lohnte. Wenn die Stadt aber gross war, kann Josua, der Anführer der Israeliten, diese Stadt unmöglich zu Fuss umrundet haben. Das hätte auch seinen Status vor den Feinden geschwächt, ihn erniedrigt. Wie aber kann die Bedeutung Josuas den Feinden – und den Israeliten – vor Augen geführt werden? Josua ist das kriegerische Oberhaupt der Israeliten, aber kein König, den man an seinen königlichen Insignien erkennen könnte. Woran erkennt man, dass Josua der Anführer ist? Um diese Frage zu beantworten, erzählt Ben Sira die Geschichte, dass kein Tier Josua beim Umrunden Jerichos „ertragen" habe „ob der Fülle seines

---

10 Jos 6,1-21.
11 Vgl. Yassif (1984), 77-104. Zu Josua vgl. Sirach 46,1-8. Vgl. auch Ginzberg (1909-1937), 1, 39-40.
12 Vgl. Börner-Klein (2007), 92-93.

Gewichts". Dies ist unzweifelhaft mehrdeutig formuliert. Gewicht ist im Sinne von „Bedeutung" zu verstehen, aber auch im Sinne von Körperfülle, die nach unten zieht. Nur der – ansonsten sprichwörtlich dumme – Ochse habe Josua getragen oder ertragen. Alle anderen Tiere brechen unter ihrer „Last" zusammen. Dass dies geschieht, verweist aber darauf, dass Josua sich falsch verhält. In Ex 23,5 heisst es: *Wenn du den Esel deines Widersachers unter seiner Last liegen siehst, so lass ihn ja nicht im Stich, sondern hilf mit ihm zusammen dem Tiere auf.* Nach diesem Vers müssen die Qualen eines unter seiner Last leidenden Tieres auf jeden Fall gemindert werden. Dies aber geschieht gerade nicht in der Erzählung von Josua, der alle Reittiere unter sich verenden lässt, ohne dass es ihn weiter stören würde. Die „Fülle seines Gewichts" lässt Josua vom rechten Weg abweichen.

Die Josuageschichte im Alphabet des Ben Sira unterscheidet sich formal nicht von anderen rabbinischen Auslegungen erzählender Texte der Bibel. Aus der Geschichte über die Belagerung Jerichos werden Informationslücken über Josua geschlossen, indem Details aus dem Bibeltext deduziert werden. Die Deduktion dieser Details folgt nur lockeren Regeln und kann leicht den jeweils gesetzten Auslegungszielen angepasst werden. Auf diese Weise ist es durchaus möglich, sowohl Positives als auch Negatives über einen biblischen Helden mitzuteilen. Es liegt im Ermessen des Bibelauslegers, wie er eine biblische Geschichte weiter entwickelt.

2. „*Wirf dein Salz ins Meer …*" – die Ermittlung des Literalsinns

Der Autor des Alphabets des Ben Sira sieht in der Freiheit des Exegeten ein Problem, kann doch der Bibelausleger jede nur denkbare Deutung eines Textes konstruieren. Um diese Willkür einzuschränken, gibt es für ihn nur einen Weg – das wörtliche Verständnis der Bibel ist zu ermitteln, wie die folgende Erzählung verdeutlicht:

Wirf dein Salz ins Meer (und du wirst es auf dem Trockenen wiederfinden).[13]
Stets sei dein Tisch für alle gedeckt. [...]

Es war einmal ein Mann, der seinen Sohn lehrte: *Wirf dein Salz ins Meer.*[14] Als er gestorben war, erinnerte er sich an das Gebot seines Vaters und pflegte Salz ins Meer zu werfen, bis dass ihm Elia, sein Angedenken zum Guten, in seinem Gewissen erschien und zu ihm sagte: *Wirf dein Brot auf das Wasser.* (Koh 11,1) [...]

Da fing er an, von seinen Brotkrumen in den Fluss zu werfen. Und ein Fisch pflegte ihm zu erscheinen, der die Brotkrumen frass, so dass jener Fisch davon (ausserordentlich) gross wurde. [Und er bedrängte seine Gefährten im Meer aufs äusserste. Da versammelten sich die Fische][15] und meldeten es Leviatan. Und er sandte (die Fische) aus, um jenen jungen Mann zu ihm zu bringen. Als Leviatan ihn sah, sagte er zu ihm: „Welchen Grund hattest du, dein Brot ins Meer zu werfen?" Er sagte zu ihm: „Weil es mich mein Vater gelehrt hat, indem er zu mir sagte: *Wirf dein Brot auf das Wasser.* (Koh 11,1) [...]

Und er lehrte ihn 72 Sprachen und die ganze Tora und warf ihn über 300 Parasangen[16] weit, und er fiel an einem Ort nieder und schlief erschöpft ein.

Da kamen fünf Raben herab, die meinten, dass er tot sei und wollten seine Augen fressen. Sofort ergriff er einen von ihnen – einer sass auf seinen Füssen und einer sass auf seinem Bauch und so waren sie alle (verteilt). Und den, der auf seiner Stirn sass, fasste er an seinen Beinen. Da schrie der Rabe so lange zu seinem Vater, bis der Vater des Raben

---

13 Vgl. Yassif (1984), 161; 265-267; Dukes (1844), 73-74. Gaster (1924), 298-300, 449. Hadas, (2001), 218-220. Börner-Klein (2006), 139-148.
14 Vgl. Tendlau (1842), Nr. 9; Cosquin (1885), Nr. 7. Vgl. Trachtenberg (1939), 15-16 und 167.
15 So die Textversion B bei Yassif (1984). In der Handschrift Kaufmann 59 fehlt dieser Einschub, vgl. Börner-Klein (2007), XXII, 219.
16 Eine Parasange ist ein persisches Längenmass, das zwischen 5 und 10 km betragen kann.

ihm antwortete und sagte: „Lass meinen Sohn los und grabe unter dir, so wirst du den Schatz Salomos, des Königs von Israel, finden."
Der Knabe verstand und grub unter sich etwa zehn Ellen tief und fand dort einen Schatz aus Edelsteinen und Perlen. So wurden er und seine Kinder reich. Und über ihn sagte Ben Sira: „Durch einen Guten vererbt sich Gutes, bereite daher deinen Tisch für alle, die da kommen könnten." Und daher sagte Ben Sira: *Wirf dein Brot ins Meer und du wirst es auf dem Trockenen wiederfinden.*[17]

Der Anfang der Erzählung zum siebten Buchstaben im letzten Teil des Alphabets des Ben Sira, der die aramäischen Sinnsprüche Ben Siras kommentiert, greift in variierter Form Koh 11,1 auf, einen inhaltlich nicht direkt einsichtigen Bibelvers: *Wirf dein Brot ins Meer, so wirst du es auf dem Trockenen wiederfinden.* Das im Bibelvers benutzte Wort „Brot" (לחם/ *lechem*), wird in der Erzählung zu „Salz" (מלח/*melach*). Beide Wörter unterscheiden sich im Hebräischen nur durch die Stellung der Buchstaben. Die Vertauschung der Buchstaben ergibt die sinnvolle Interpretation des Verses: *Wirf dein Salz ins Meer, so wirst du es auf dem Trockenen wiederfinden.* Dieser Satz beschreibt einen Naturprozess. Wenn Meerwasser verdunstet, bleiben Salzkristalle übrig. Der Prophet Elia akzeptiert in der Erzählung diese einleuchtende Interpretation allerdings nicht. Er korrigiert den Knaben, der diese Auslegung vorbringt, indem er auf den ursprünglichen Wortlaut hinweist. Nicht um „Salz", sondern um „Brot" geht es in dem Bibelvers. Der Vers wird durch das Vertauschen der Buchstaben zwar einsichtig und verständlich, aber der Text des Bibelverses wird diesem Verständnis geopfert: er wird verändert. Daher verteidigt Elia den wörtlichen Schriftsinn des Verses. Dass das wörtliche Verstehen des Verses dann aber zum falschen Handeln führt, zeigt der Verlauf der Geschichte. Ein Fisch frisst täglich das ins Meer geworfene Brot, wird dadurch stärker als alle anderen Fische und tyrannisiert die Schwächeren. Mit diesem Ausgang der Geschichte signalisiert der Autor des Alphabets des Ben Sira eine folgenschwere Botschaft: Das wörtliche Schriftverständnis allein ist zwar angemessen und adäquat, aber so verstanden gibt die Schrift nicht auf jede Lebenssituation eine passende

---

17 Vgl. Börner-Klein (2007), 214-220.

Antwort. Diese findet der Autor des Alphabets des Ben Sira in einer Ethik, einer Tugendlehre, die den Menschen mit Hilfe von beispielhaften Geschichten vermittelt, wie man sich in bestimmten Situationen am besten verhält. Diese Tugendlehre entwickelt er in den Gesprächen zwischen Nebukadnezar und Ben Sira in Form der Erzählung und mit Hilfe der Fabel.

3. Das „erhebende" wörtliche Schriftverständnis

Nachdem der Autor des Alphabets des Ben Sira deutlich gemacht hat, dass auch das wörtliche Verständnis der Bibel problematisch sein kann, zeigt er in der Antwort auf Frage 22 (warum der Adler[18] am höchsten fliegen kann), dass das wörtliche Schriftverständnis dennoch erhebend ist:

Und weiter fragte ihn (Nebukadnezar): „Warum erreicht nur der Adler bei seinem Flug das Firmament?"

(Ben Sira) sagte zu ihm: „Anfangs war der Adler mit den übrigen Vögeln unterwegs. Einmal begegnete ihm ein Vogel (und) er wollte ihn fressen. Da erhoben sich alle Tiere und alle Vögel und wollten ihn töten. Und sie rupften (die Federn) seiner Schwingen aus und warfen ihn[19] in eine Löwengrube. Da erkannte er von allein, dass er gesündigt hatte, und er fastete Tag für Tag. Und der Heilige, gepriesen sei er, gab ihm Kraft und Gunst vor den Löwen, und er gab ihnen nicht die Erlaubnis, ihn anzurühren.

Nach einem Jahr waren ihm (neue) Schwingen gewachsen, so dass er (aus der Grube) herauskam. [...] Er war aber noch nicht (wieder) geflogen. Da fiel (נשרה/*nischrah*)[20] die Schechina[21] auf ihn, und er flog.

---

18 Vgl. Telesko (2001), 74.
19 Den gerupften Adler.
20 Die Wurzel ist נשר.
21 Die Gegenwart Gottes.

Daher wird er Adler (נשר/*nescher*) genannt, (weil) die Schechina auf ihm ruhte (השרה/*hischrah*)[22] und er bis zum Firmament flog."[23]

Das Wort נשר (*nescher*), das nur sechs Mal in der Bibel vorkommt (und daher erklärungsbedürftig ist), kann sowohl als Nomen (Adler), als auch als Verb (herausfallen, abfallen) gelesen werden. Beide Bedeutungen werden im Alphabet des Ben Sira zu einer Geschichte verbunden, da das Wort beide Informationen für den Leser bereit hält: Der Adler, so die Erzählung, war zunächst wie die übrigen Vögel kein Fleischfresser. Erst als sich ihm ein Vogel in den Weg stellte, kam er auf die Idee, ihn zu fressen. Zur Strafe „rupften" die anderen Tiere und Vögel seine Schwingfedern aus (נשר wird von „ausfallen", nämlich der Federn, als „der Gerupfte" gedeutet), machten ihn fluguntauglich und warfen ihn in eine Löwengrube. Ohne Federn war er dort genauso gefangen wie Daniel.[24] Da er in der Grube aber einsah, dass er gesündigt hatte, wurde er nicht von den Löwen getötet. Da נשר aber auch eine klangliche Assoziation zu dem Verb „ruhen" (שרה/*scharah*) bietet, wird auch dieser Aspekt für die Geschichte genutzt: Auf dem Adler ruhte die Gegenwart Gottes, als er seine Schwingen wieder ausbreiten konnte. Unterstützt von der Gegenwart Gottes aber kann er sich bis ans Firmament schwingen.

4. Die Lilit-Erzählung: Kritik an als unangemessen empfundenen Auslegungen (bJeb 63a)

In diesen Rahmen der Diskussion um die Anwendung der Auslegungs-regeln und der Frage nach dem wörtlichen Schriftverständnis fügen sich eine Reihe von einzelnen Auslegungen zu biblischen Versen, die eine Alternative zu rabbinischen Auslegungen bieten, so auch die bekannteste Erzählung des Alphabets des Ben Sira, die Geschichte von Lilit, der ersten Frau Adams. Diese Geschichte erzählt Ben Sira, um zu erklären,

---

22 Die Wurzel ist שרה.
23 Vgl. Börner-Klein (2007), 150-153.
24 Vgl. Dan 6,16.

warum Säuglinge häufig nach der Geburt sterben, nachdem der König von einer schweren Erkrankung seines neugeborenen Sohnes erfahren hat:

(Nebukadnezar) fragte Ben Sira: „Warum sterben kleine Jungen (häufig), wenn sie acht Tage alt sind?"

(Ben Sira) sagte zu ihm: „Lilit tötet sie,[25] und nachdem sie sie getötet hat, gibt es für sie keine Besserung."

(Nebukadnezar) sagte zu ihm: „(Davon) weiss ich nichts." Er sagte (weiter) zu ihm: „Wie du dich und mich geheilt hast, heile [auch][26] dies (Kind). Und wenn (es) nicht jetzt[27] (gleich geschieht), werde ich dein Hirn verfinstern."

Da überlegte Ben Sira und sagte (sich): Wenn ich ihm ein Amulett mit einem unreinen Namen schreibe, wird es geheilt oder es wird nicht geheilt. Wenn es aber nicht geheilt wird, wird er mich töten.

Und die Weisen sagten:[28] Selbst wenn man zu einem Menschen sagt: „Begehe Götzendienst", sollst weder du ihn töten, (wenn) er (ihn) begeht, noch wird er (durch ein Gericht) getötet,[29] denn es heisst: (*Darum sollt ihr meine Satzungen halten und meine Vorschriften. Denn der Mensch, der sie tut,*) *soll durch sie leben* (Lev 18,5). Man soll aber nicht durch sie sterben.

Ich werde ihm daher (ein Amulett) mit einem reinen Namen schreiben, damit ich nicht getötet werde.

Sogleich schrieb er [für ihn][30] ein Amulett mit einem reinen Namen. Und er schrieb dorthin die Engel mit ihren Namen, und (er zeichnete sie) mit ihrer Gestalt und ihren Händen und ihren Füssen und ihren Siegeln. Und siehe, jenes Amulett ist: Sanui, Sansanui, Samnaglaf.

---

25 Vgl. Yassif (1984), 63-71; von Stuckrad (1997); Gaster (1880), 553-565; Freidus (1917); Patai, 1990, 221-254; Lipzin (1976-77), 66-74.

26 Vgl. Anm. 15; vgl. Börner-Klein (2007), 72-73.

27 Vgl. mAbot 1,14.

28 Vgl. bSanh 61a; bSanh 67a; bSanh 74a.

29 Yassif (1984), 231 hat: Von allem wird man geheilt, ausser vom Götzendienst.

30 Vgl. Anm. 15; vgl. Börner-Klein (2007), 74-75.

Als Nebukadnezar dieses Amulett betrachtete, sah er dort jene Engel. Sogleich fragte er ihn: „Mein Sohn, was (bedeuten) jene Bilder?"

(Ben Sira) sagte zu ihm: „Das sind Engel. Denn als der Heilige, gepriesen sei er, seine Welt erschaffen hatte, erschuf er (auch) den ersten Menschen. Als er sah, (dass) dieser allein war, erschuf er sogleich für ihn eine Frau, die wie er aus Erde war. Und ihr Name ist Lilit.[31] Und er brachte sie zu Adam. Sogleich fingen beide an, miteinander zu streiten. Er sagte: „Du sollst unten liegen." Und sie sagte: „Du wirst unten liegen, da wir beide gleich sind, beide aus Erde." Und sie verstanden einander nicht. Als Lilit das sah, erinnerte sie sich an den Namen[32] Gottes, erhob sich in die Luft und entfloh. Sogleich erschien Adam im Gebet vor seinem Schöpfer und sprach: „Herr der Welt, siehe, die Frau, die du mir gegeben hast, ist bereits entflohen." Sofort sandte der Heilige, gepriesen sei er, jene drei Engel aus, deren Namen Sanui, Sansanui, Samnaglaf sind,[33] die (wie) oben (erwähnt) in diesem Amulett geschrieben stehen, und sagte zu ihnen: „Geht und bringt Lilit her, wenn es ihr Wille ist zu kommen. Wenn aber nicht, sollt ihr sie nicht unter Zwang herbringen." Sogleich begaben sich jene drei Engel hinweg und holten sie inmitten des Meeres ein, an dem Ort, an dem einst die Ägypter ertrinken sollten. Dort packten sie sie und sagten zu ihr: „Wenn du mit uns gehst, ist es gut, wenn nicht, versenken wir dich im Meer." Sie sagte zu ihnen: „Meine Lieben, ich habe für mich erkannt, dass der Heilige, gepriesen sei er, mich dazu erschaffen hat, die Geschöpfe schwach werden zu lassen, (vom Tag der Geburt,) bis sie acht Tage alt sind. Vom Tag der Geburt bis zu acht Tagen sei mir darüber Macht (gegeben). Und nach acht Tagen und darüber hinaus[34] habe ich darüber keine Macht, wenn es männlich ist. Wenn es aber weiblich ist, werde ich es zwölf Tage lang beherrschen." Sie liessen sie aber nicht los, bis sie ihnen beim Gesetz Gottes geschworen hatte: „Überall, wo ich euch

---

31 Vgl. Krappe (1936), 312-322; Bacher (1870), 187-189; Löwe (1964), 4, 612-615: Kohut (1866); Lévi, (1914), 18; Shalom [Scholem] (1948), 165-175; Grünbaum (1901), 94-96.

32 Der Eigenname Gottes ist gemeint, der nicht ausgesprochen wird.

33 Vgl. Yassif (1984), 69, Anm. 27: Sione, Somnus, Cingula; Schwab (1897), 200-201. Trachtenberg (1939), 101-102. Conybeare (1899), 1-45.

34 Vgl. Jastrow (1903), 352.

sehe oder euer Name auf einem Amulett ist,[35] werde ich jenes Kind nicht beherrschen." Da liessen sie sie los. Lilit ist es, die die Menschenkinder schwächt, wenn sie klein sind. Daher habe ich dir jene Engel aufgeschrieben, damit das Neugeborene geheilt wird."

Sogleich nahm er jenes Amulett, legte es dem Neugeborenen auf, und es wurde geheilt.

Da kehrte Nebukadnezar zurück, lobte den Heiligen, gepriesen sei er, küsste Ben Sira auf sein Haupt und sagte: „Gepriesen, der die Tiefen ergründet, der sein Geheimnis für euch enthüllt."[36]

Die Geschichte von Lilit enthält implizit eine Auslegung zu Gen 2,23: *Diesmal ist es Gebein von meinem Gebein*, die sich gegen eine Auslegung wendet, die sich im babylonischen Talmud findet. Die Geschichte von Lilit ist in der rabbinischen Literatur zuvor nicht belegt, allerdings kennt der Midrasch Genesis Rabba eine „erste Eva", die Gott wieder zu Staub verwandelt.[37]

Das hebräische Wort „Lilit" kommt biblisch nur in Jes 34,14 vor: *Ein Dämon wird seinesgleichen begegnen; nur dort rastet Lilit und findet einen Ruheplatz.*[38] Israel Lévi wies bereits 1914 darauf hin, dass das Wort in diesem Vers schon früh auf Grund des biblischen Parallelismus als „Dämon" verstanden wurde.[39] Der Bibelübersetzer Hieronymus (340/50-420) identifizierte Lilit mit Lamia, mit der Zeus mehrere Kinder zeugte.[40] Aus Eifersucht tötete Hera Lamias Kinder bis auf eines. Lamia wiederum rächte sich, indem sie Kinder umbrachte, mit jungen Männern schlief, deren Blut bis auf das Mark aufsaugte und als ein unheimliches Phantom in der Dunkelheit umherirrte. Hieronymus hat, wegen des Motivs des Umherirrens, das sowohl in dem Jesajavers als auch in der Lamia-Legende mitschwingt, die Übersetzung des Wortes Lilit durch Lamia

---

35 Vgl. Torczyner (1947), 18-29; Gaster (1928), 1005-1038; Wallis Budge (1930); Morgenstern (1966), 18-21.

36 Vgl. Börner-Klein (2007), 72-79.

37 Vgl. GenR 22,2/22,7; GenR 17,4; Targum Hiob 1,15. Stuckrad (1997), 74-75.

38 Eine Bibliographie zum Thema Lilith findet sich im Internet unter: http://ccat.sas.upenn.edu/~humm/Topics/Lilith/bib.html (22.5.2007).

39 Vgl. Lévi (1914), 17-21.

40 Vgl. Zerling/Bauer (2003), 186-187; von Ranke-Graves (2001), 184.

gewählt.[41] Der Talmud[42] kennt zwar ein dämonisches Wesen mit Namen Lilit, erstmals im Alphabet des Ben Sira wird Lilit aber als erste Frau Adams bezeichnet.

1880 vertrat Moses Gaster[43] die Auffassung, dass die Erzählung von Lilit erst sekundär mit der Erzählung von den drei Engeln und ihren Namen auf Schutzamuletten verbunden wurde.[44] Die Namen der drei Engel: Sanui, Sansanui, Samnaglav erklärte er aus der bogomilischen[45] Variante einer Engelerzählung, die ins 10. Jh. zu datieren sei.[46] „Sansanui" sei der heilige Sisinie, der in der bogomilischen Erzählung eine tragende Rolle spiele, „Sanui" sei der von Gott gesandte Engel Anos, „Samnaglav" leitet er über Samnael von Satanael (Satan) ab.[47] Der Geschichte von Lilit, der ersten Frau Adams, wie sie das Alphabet des Ben Sira erzählt, liegt aber in erster Linie eine exegetische Interpretation von Gen 2,23 zu Grunde. Hier spricht Adam, nachdem Gott Eva aus seiner Rippe geformt hat, folgenden Satz: *Diesmal ist es Gebein von meinem Gebein und Fleisch von meinem Fleisch.* In bJeb 63a, heisst es zu dieser Stelle: „Das lehrt, dass Adam jedem Vieh und jedem Tier beigewohnt hatte, und erst als er Eva beiwohnte, war er befriedigt." Das Alphabet des Ben Sira distanziert sich von dieser Interpretation, in der Adam der Sodomie beschuldigt wird. Adam ist „im Bilde Gottes" erschaffen; dass er sich den Tieren geschlechtlich zuwenden würde, ist ein frevelhafter Gedanke, den das Alphabet des Ben Sira abweist. Problematisch in Gen 2,23 ist das Wort „diesmal". Es lässt nur den Schluss zu, dass es ein anderes Mal, ein erstes Mal, gab. Das Alphabet des Ben Sira ist daher nur konsequent, eine erste Frau Adams aus dieser Formulierung zu deduzieren. Da Adam betont, dass die Frau „diesmal von seinem Fleisch" ist, ist folgerichtig zu

---

41 Jes 34,14: Et occurrent daemonia onocentauris, et pilosus clamabit alter ad alterum; ibi cubavit lamia et invenit sibi requiem.

42 Vgl. bSchab 151b und bBB 73a.

43 Gaster (1880), 553-565.

44 Die älteste Paralle zur Geschichte der drei Engel findet sich im Buch Rasiel, Ausgabe Amsterdam, 43b, das eine lange Beschwörungsformel gegen „die erste Eva" enthält, damit sie Kindern keinen Schaden zufügt.

45 Bogomilen („die, die Gott lieben"): Bezeichnung einer Sekte, die sich von der griechisch-orthodoxen Kirche abspaltete.

46 Gaster (1880), 560.

47 Gaster (1880), 563.

schliessen, dass die „erste Frau" nicht aus seinem Gebein und Fleisch, sondern wie Adam aus Erde war.

5. Nur ein Haar in einer Pore – Kritik an der übertriebenen Suche nach Belegstellen

Zu der Frage Nebukadnezars, warum auf dem Kopf nur jeweils ein Haar in einer Pore ist, geht es um die Praxis, passende Belegstellen aus der Bibel zu zitieren:

> (Nebukadnezar) sagte zu ihm: „Warum befinden sich bei allen Haaren, die sich auf den Gliedern eines Menschen befinden, zwei in einer Pore, bei dem Haar, das auf dem Kopf ist, ist aber jedes einzeln für sich in einer Pore?"[48]
>
> (Ben Sira) sagte zu ihm: „Wenn (auf dem Kopf) zwei (Haare) in einer Pore wären, würden sie das Augenlicht des Menschen mindern. Und über diesen Menschen würde sich bewahrheiten, was in der Schrift geschrieben steht: *Sie haben Augen und sehen nicht* (Ps 115,5).
>
> Auch wenn Regen zur Erde fällt, würde, wenn zwei Tropfen auf eine Stelle fielen, man sofort die Erde verwüstet finden. Aber der Heilige, gepriesen sei er, hat dort, wo er eine Plage schuf, auch ein Heilmittel dagegen gepflanzt."[49]

In der rabbinischen Literatur finden sich häufig Zitate von Bibelstellen, die bekräftigen sollen, dass ein Gedanke im Sinne der Bibel entwickelt wurde. Oft wird ein Vers nur anzitiert, in der Erwartung, dass der Leser oder Hörer die Stelle selbst ergänzen kann. Oft findet sich das Stichwort, das die vorgetragene Lehre mit einem Vers verbindet, nicht im Zitat. Das Belegzitat ist daher erst verständlich, wenn der Kontext bekannt ist. Zu besagter Frage zitiert Ben Sira Ps 115,5 um zu belegen, dass, wenn mehr als ein Haar in einer Pore wäre, der Mensch „Augen hätte aber nicht sehen könne". In Ps 115 wird das Thema „Haar" aber nicht behandelt.

---

48 Vgl. bBB 16a.
49 Vgl. Börner-Klein (2007), 82.

Dort geht es um eine Beschreibung von Götterbildern, „die Augen haben und doch nichts sehen können." Ben Siras Zitat klingt zwar wie eine Belegstelle, ist aber keine, wenn man das Zitat im biblischen Kontext liest.

6. Die Erschaffung der Mücken: Beleg für den mehrfachen Literalsinn

Bei der Frage, warum Mücken erschaffen wurden, geht es um eine Auslegung von Ps 147,9 und die grundsätzliche Frage, was der wörtliche Sinn eines Bibelverses ist, den man doch, da nur Konsonanten geschrieben werden, unterschiedlich lesen und verstehen kann:

Und weiter fragte (Nebukadnezar): „Warum wurden Mücken erschaffen, die in der Welt nicht länger als einen Tag leben?"[50]

(Ben Sira) sagte zu ihm: „Mein Herr König, alle Mücken dieser Welt wurden nur wegen einer Mücke erschaffen, die der Heilige, gepriesen sei er, einst als Rachemittel gegen den Frevler Titus[51] einsetzen wird."[52]

Nebukadnezar sagte zu ihm: „(Jene) Mücke wurde (also) erschaffen, damit sie als Rachemittel gegen Titus eingesetzt wird. Warum wurden dann die restlichen Mücken erschaffen?"

(Ben Sira) sagte zu ihm:[53] „Um den Raben als Nahrung zu dienen. Wenn nämlich die Raben aus ihren Eiern schlüpfen, sind sie drei Tage lang (unbefiedert und) weiss. Wenn aber ihre (Vogel)eltern sehen, dass sie weiss sind, verlassen sie sie sogleich und fliehen für drei Tage vor ihnen.[54] Und während dieser Zeit bleibt (den kleinen Raben) nichts anderes als der Ruf zu Gott, wie es heisst: *(Der dem Vieh sein Futter gibt,) den jungen Raben, die zu ihm rufen* (Ps 147,9). Und (dann) kommen Mücken und fliegen in ihre Schnäbel hinein, und sie verspeisen sie und sind für

---

50 Vgl. bChul 58b.
51 Gemeint ist Titus Flavius Vespasianus (39-81), römischer Kaiser von 79 bis 81. Er leitete im Jüdischen Krieg die Belagerung Jerusalems.
52 Vgl. bGit 56b; LevR 22,2.
53 Vgl. Pirke de-Rabbi Elieser, Börner-Klein (2004), 232-234.
54 Vgl. LevR 19,1.

drei Tage satt, bis sie schwarz geworden sind. (Danach) aber kommen ihre Eltern zurück, nehmen sie an und bringen ihnen Nahrung. Nachdem sie sie verlassen hatten, wären sie, wenn sie nicht die Mücken gehabt hätten, die sie sättigten, Hungers gestorben. Aber der Heilige, gepriesen sei er, ist voller Erbarmen. Dort, wo er eine Plage schuf, hat er auch ein Heilmittel dagegen gepflanzt."[55]

In Ps 147,9 findet sich die Formulierung „den Kindern der Raben" (לבני עורב / *libne 'oreb*) gibt Gott ihr Futter. In der Vokalisierung „*lebane oreb*" bedeutet die Formulierung: „der Weissrabe" oder „Rabenweisse". Aus den beiden Lesarten ergibt sich die Geschichte, dass die Rabeneltern sich vor den unbefiederten, weissen Rabenkindern fürchten. Gott aber versorgt die Rabenkinder mit Nahrung, bis die Eltern zum Nest zurückkehren. So ergänzen die verschiedenen Lesarten einander sinnvoll zu einer Geschichte und der wörtliche Schriftsinn wird zwei Mal berücksichtigt.

7. Die Erschaffung der Wespen, der Spinnen und der Verrückten – Herstellen der Plausibilität der biblischen Davidgeschichte

In der Antwort auf die Frage, warum Wespen und Spinnen erschaffen wurden, wird die lange Geschichte vom Aufstieg Davids zum König und der damit verbundenen Feindschaft mit dem Königshaus Sauls auf den Punkt gebracht.[56] Davids Schicksal hing am Anfang an einem seidenen Faden und er gebärdete sich wie ein Verrückter. Nur Abner, der oberste Feldherr Sauls, kam ihm ernsthaft bei seinem Versuch, Saul als König zu entmachten, in die Quere:

„Warum wurden Wespen und Spinnen erschaffen? Sie sind doch nutzlos und fressen Honig, und tun nichts ausser Schaden anzurichten. Und auch spinnen Spinnen das ganze Jahr, aber nichts zum Bekleiden."

---

55 Vgl. Börner-Klein (2007), 84-87.
56 Vgl. 1Sam 16-2Sam 5.

(Ben Sira) sagte zu ihm: „Jene, die du erwähnt hast, waren bereits von Nutzen, weil David, einer unserer Ahnen, diese Sache bereits vor Gott gefragt hatte.[57] Einmal nämlich, als er in seinem Haus sass, hatte er seinen Blick erhoben und in seinem Garten eine Wespe gesehen, die eine Spinne zwischen ihren Zähnen verspeiste. Aber die beiden kämpften noch gegeneinander. Da war (ausserdem) ein Wahnsinniger, der nahm einen Stock und vertrieb sie.

Daraufhin sagte David vor dem Heiligen, gepriesen sei er: „Herr der Welt, (warum) hast du jene drei, Wespe, Spinne und Wahnsinnigen, in deiner Welt erschaffen? Sie sind doch zu nichts nütze."

Da antwortete der Heilige, gepriesen sei er, und sprach zu David: „Du spottest über das, was ich mit meiner rechten Hand erschaffen habe! Du wirst schon noch (dahin) kommen, dass du ihrer bedarfst, denn sie haben grossen Wert."

Und auf diese Weise bedurfte er (ihrer):[58] Als nämlich Saul ihn verfolgte, um ihn zu töten, verbarg er sich in einer Höhle. Da kam eine Spinne und spann vor dem Höhleneingang, so dass dort ein Spinngewebe war. Als Saul zu jener Höhle kam, um sein Bedürfnis (zu verrichten), sah er dort ein Spinngewebe. Da dachte er bei sich, dass dort niemand sein könne. Er setzte sich dorthin, um sein Bedürfnis (zu verrichten) und ging weg. Und so rettete sie Davids Leben. Der ging sogleich hinaus, küsste jene Spinne und zog weiter. Und siehe, (so) war sie bereits von Nutzen.

Wann bedurfte er eines Wahnsinnigen?[59] Als er weiterzog, traf eine Truppe von Achisch[60] auf ihn. Und sie brachten ihn zu Achisch, um ihn zu töten. (Da) dachte David bei sich, jetzt werde ich mich wie ein Wahnsinniger gebärden, dann werde ich nicht getötet. Sogleich gebärdete er sich wie ein Wahnsinniger in ihren Händen, und sie brachten ihn zu Achisch. Achisch aber hatte eine verrückte Tochter. Als er jenen Wahnsinnigen sah, sagte er sofort zu ihnen: „(Es gibt wohl nur noch) Wahnsinnige auf dieser Welt! Ihr seht doch, dass ich (bereits) eine Verrückte in meinem Haus habe, und ihr bringt mir einen

---

57 Vgl. MidrPss 34; bSchab 77b; LevR 22,2-3; KohR 9,1.
58 Zum Folgenden vgl. 1Sam 23,24-28.
59 Vgl. 1Sam 21,11-16.
60 König von Gat. Vgl. 1Sam 21,11.

Wahnsinnigen zu einer Wahnsinnigen! Oder was sollte ich machen?! *Habe ich etwa zuwenig Verrückte?"* (1Sam 21,16) Und so wurde David durch Wahnsinn vom Tod errettet. Und siehe, (so) war ein Wahnsinniger von Nutzen.

Und wann bedurfte er einer Wespe?[61] Als David weiterzog, fand er Saul, der einen Mittags(schlaf) hielt. Und David wollte (zu ihm) hineingehen, aber Abners[62] Beine waren (vor dem Eingang) ausgebreitet, und (auch) Abner schlief. Und Abners Kopf war an dem einen Tür(pfosten) [und seine Füsse waren an dem anderen Türpfosten][63], und David stand da und hatte keinen Platz um hineinzugehen. Und er stand dort, bis Abner seine Beine anwinkelte, so dass David hineingehen konnte. Und er ging [und nahm][64] den Wasserkrug, (der neben dem Haupte Sauls stand).[65] Und als er (die Türschwelle wieder) überqueren wollte, waren Abners Beine ausgestreckt, und sie öffneten sich (gerade). Da trat er zwischen (sie). Er wollte (die Schwelle ganz) überqueren, da winkelte (Abner) seine Oberschenkel wieder an, und sie klemmten Davids Beine ein. Da jammerte und weinte David zwischen seinen Beinen und sagte: *Mein Gott, mein Gott, warum hast du mich verlassen* (Ps 22,2)? Da geschah ein Wunder für ihn: Eine Wespe kam und stach Abner in seine Beine. Er streckte sie aus, und David ging im selben Moment hinüber. Siehe, sie alle sind von Nutzen.

Daher hat kein Mensch das Recht, über irgendein Geschöpf zu spotten, denn es gibt keinen Menschen auf der Welt, der der Geschöpfe des Heiligen, gepriesen sei er, nicht bedürfte."[66]

Anlass, die Geschichte von Davids Rettung durch die Spinne zu erzählen, gibt 1Sam 24,4. Diesen Vers übersetzt Zunz wie folgt: *„Und er [Saul] kam zu den Schafhürden am Wege und daselbst war eine Höhle, und Schaul ging hinein, seine Notdurft zu tun.[67] Dawid aber und seine Leute sassen an der*

---

61 Vgl. 1Sam 26,1-25.
62 Vgl. 1Sam 17,55.
63 Vgl. Anm 15; vgl. Börner-Klein (2007), 90-91.
64 Vgl. Anm 15; vgl. Börner-Klein (2007), 90-91.
65 Vgl. 1Sam 26,11-12.
66 Börner-Klein (2007), 86-93.
67 Luther übersetzt: „um seine Füsse zu decken".

Hinterseite der Höhle." Saul ist dabei, David zu verfolgen. Der Kontext des Verses berichtet jedoch nichts darüber, warum Saul die Männer Davids nicht bemerkte, wohl aber diese Saul. Saul fühlt sich völlig unbeobachtet – er verrichtet seine Notdurft – und schläft dann entweder in oder in der Nähe der Höhle ein, so dass es für David möglich ist, ihm unbemerkt einen Zipfel seines Gewandes abzuschneiden. Der Autor des Alphabets des Ben Sira versucht hier, eine Erklärung für diese Situation zu finden. Warum ist sich Saul so sicher, dass David nicht in der Nähe ist, wenn dieser doch Sauls Kommen bemerkt hat? Eine plausible Erklärung ist, dass Saul die Höhle für unbenutzt hielt. Wie konnte er zu diesem Schluss gelangen? Weil der Höhleneingang voller Spinnweben war, die jemand hätte zerstören müssen, wenn er hineingegangen wäre. Der Höhleneingang musste aber zugewebt worden sein, nachdem die Männer Davids hineingegangen waren, nur so konnte sich Saul derart täuschen.

Die Geschichte von Davids Wahnsinn bietet eine freie Nacherzählung von 1Sam 21,11. Als David zu Achisch, dem König von Gat, gebracht wird, ruft dieser aus: *Habe ich etwa noch zu wenig Wahnsinnige!*, ohne dass aus dem biblischen Kontext deutlich würde, worauf sich Achisch bezieht. Midrasch Ps 34,1 und das Alphabet des Ben Sira füllen diese Informationslücke, wobei Midrasch Ps 34,1 Frau und Tochter Achischs als wahnsinnig darstellt, das Alphabet des Ben Sira nur dessen Tochter.

Die dritte Geschichte über die Wespe erzählt dagegen die biblische Geschichte von 1Sam 26,1-12 neu. Noch immer ist David auf der Flucht vor Saul, der ihm mit dreitausend Kriegsleuten nachstellt. Unterwegs richten die Männer Sauls ein Lager auf einem Hügel ein. Die Männer bilden zur Ruhe Kreise, in dem innersten Kreis liegt Saul, auf diese Weise geschützt von seinen Männern und darüber hinaus bewacht von seinem obersten Feldherrn Abner. Nach 1Sam 26,7 geht David zusammen mit Abisai, dem Bruder des Joab, *in der Nacht* zum Lager Sauls und entwendet Sauls Speer, der neben Sauls Kopf im Boden steckt, sowie den daneben stehenden Wasserkrug. Der Autor des Alphabets des Ben Sira hält die Darstellung der Bibel für nicht plausibel. Gerade nachts werden die Wachen verstärkt, sind die Sicherheitsvorschriften besonders streng. Nachts sind Details wie Krug und Speer nicht sichtbar. Wenn David überhaupt eine Chance hatte, Speer und Krug von Saul zu entwenden, dann zu einer Tageszeit, in der alle lethargisch sind, dann, wenn die Sonne sticht, dann, wenn der König Mittagsruhe hält. In der Neuerzählung des Alphabets des Ben Sira ist David allein unterwegs. Saul ruht nicht auf offenem Felde im Kreise seiner Kriegsleute, sondern in einem massiven Zelt, wenn nicht gar in einer provisorisch aufgeschlagenen Hütte, denn der Text spricht von einer Tür, die Abner bewacht. Abner liegt quer vor der Tür und rührt sich nicht. Seine Beine blockieren am Türpfosten hochgelegt den Eingang. Erst als Abner die Beine im Schlaf anwinkelt, gelangt David zu Saul. Der Rückzug Davids wird nun dramatisiert, und erst dadurch gelangt die Wespe zum Einsatz. Abner hat inzwischen die Beine wieder hochlegt und versperrt David den Weg nach draussen. Nun muss ihn eine Wespe stechen, damit er die Beine wieder anwinkelt, so dass – der kleine – David nach draussen gehen kann.

8. Der schwarze Stern – mythologische Deutung einer Bibelstelle

Der Text des Alphabets des Ben Sira wurde von Handschrift zu Handschrift verändert. In einigen Manuskripten finden sich zusätzliche Fragen, die Nebukandezar Ben Sira stellt. In einer dieser Zusatzfragen geht es um einen schwarzen Stern:

(Nebukadnezar) fragte ihn: [...] Warum sind alle Sterne, die am Firmament sind, leuchtend weiss ausser einem Stern? Er leuchtet nicht und ist nicht weiss sondern schwarz; er[68] und all seine Heerscharen."
  (Ben Sira) sagte zu ihm: „Als der Heilige, gepriesen sei er, seine Welt und die Sterne erschaffen hatte, hatte er sie nicht von so schöner Gestalt erschaffen wie diese, die du erwähnt hast, deren Name Meros ist. Als die Israeliten zu Sisera kamen[69] und sie hinauszogen, um mit ihm Krieg zu führen, waren sie ihm dort in jenem Krieg unterlegen. Da liess der Heilige, gepriesen sei er, in allen sieben Firmamenten verkünden,

---

68 Der Stern ist im Hebräischen als feminines Wort gekennzeichnet.
69 Vgl. Ri 4-5.

dass sie[70] hinausziehen sollten, um Israel zu helfen. Sofort kamen alle herab und kämpften mit Sisera, wie es heisst: *Aus Himmeln kämpften (die Sterne, aus ihren Bahnen kämpften sie mit Sisera)* (Ri 5,20). Meros aber war überaus schön, und sie herrschte über viele Heerscharen. Daher wurde sie anmassend und wollte nicht hinabsteigen, um zu kämpfen. Und sie sagten zu ihr, zu jener, deren Name Meros ist, dass sie ihr Gesicht weisser machen würden als Milch[71] und ihr Licht (so klein) wie eine Kerze.[72] [...]

Und weil sie (Meros) anmassend gewesen war und nicht hatte kämpfen wollen, kam zu Meros der Engel JHWHs und sprach:[73] „*Verflucht Meros* (Ri 5,23) [...]," bis sie und all ihre Heerscharen schwarz wie die Nacht geworden sind. Und so sind sie und ihre ganze Heerschar bis heute geblieben.[74]

Ben Siras Antwort entwirft eine Interpretation zu Ri 5,19-27, dem Lied der Debora, das in der Übersetzung von Zunz wie folgt lautet:

19 *Es kamen Könige, [sie] stritten, da stritten die Könige Kenaans zu Taanach an den Wassern Megiddo. Gewinn an Silber trugen sie nicht davon.*

20 *Vom Himmel herab stritten sie, die Sterne aus ihren Bahnen stritten mit Sisra.*

21 *Der Fluss Kischon raffte sie, der Fluss des Treffens [besser: der Vorzeit], der Fluss Kischon. Tritt einher, meine Seele, mit Siegeskraft!*

22 *Da stampften die Hufe des Rosses vom Traben, dem Traben seiner Gewaltigen.*

23 *Verflucht Meros, spricht der Abgesandte/Engel des Ewigen; ja verflucht seine Bewohner, denn sie sind nicht gekommen zum Beistande des Ewigen, zum Beistande des Ewigen unter seinen Helden.*

Das Lied der Debora erzählt eine Geschichte, die sprachlich und inhaltlich etliche Schwierigkeiten aufweist. Wie ist es z.B. zu verstehen,

---

70 Die Sternenheere, die in Ri 5,20 erwähnt sind.

71 „Ein Gesicht weiss machen" ist Metapher für: beschämen. Sie wollen sie in höchstem Masse beschämen.

72 Oder: Öllämpchen. Ein so kleines Licht ist am Himmel unsichtbar.

73 Zu den Sternen, die bereits angekündigt hatten, Meros strafen zu wollen.

74 Börner-Klein (2007), 164-167.

dass „vom Himmel her" gegen Sisera gestritten wurde, dass gar die Sterne dazu ihre Bahn verliessen? Heisst das, dass das Naturgesetz ausser Kraft gesetzt wurde, oder werden hier die Sterne personifiziert und als Krieger beschrieben? In Ri 5,23 heisst es unvermittelt: *Verfluchet Meros!* Meros wird vorher aber nicht erwähnt, noch mehr, der Name findet sich nur an dieser Stelle in der Bibel. Wer oder was ist „Meros"?

In Mek Schirata 6 und SNum 84[75] wird Ri 5,23 zitiert, ohne die Probleme, die der Vers beinhaltet, anzusprechen. Er dient lediglich zur Begründung des Grundsatzes: „Jeder, der Israel beisteht, ist so, als stände der dem Heiligen, gepriesen sei er, bei." Der Gegensatz wird mitgedacht, aber nicht ausgesprochen: Jeder der Israel flucht, ist so, als würde er Gott selbst fluchen. In bPes 118b wird ein Vergleich zwischen den Bedrohungen Israels durch Pharao und durch Sisera gezogen, aufgrund der biblischen Mitteilung, dass beide mit eisernen Streitwagen gegen Israel vorrückten. Nach Ex 14,7 hatte Pharao 600 Streitwagen, nach Ri 4,13 hatte Sisera 900 davon. Die Bedrohung, die von Sisera ausging, war damit noch weitaus grösser als die, die von Pharao am Schilfmeer ausging. Nach bPes 118b muss man sich das Herabkommen der Sterne als ein Naturereignis vorstellen: Es regnete Meteoriten, glühendes Himmelsgestein, auf Siseras Heer:

> Als Sisera kam, fiel er über sie mit eisernen Spiessen her. Da liess der Heilige, gepriesen sei er, gegen sie die Sterne aus ihren Bahnen vortreten, wie es heisst: *Da kämpften die Sterne vom Himmel* (Ri 5,20). Als die Sterne des Himmels auf sie niedergingen, erglühten die eisernen Spiesse, und sie stiegen in den Bach Kischon hinab, um sich abzukühlen. Da sprach der Heilige, gepriesen sei er, zum Bache Kischon: Geh und komme deiner Bürgschaft nach. Hierauf raffte sie der Bach Kischon zusammen und warf sie ins Meer, wie es heisst: *Der Bach Kischon raffte sie zusammen, der Bach der Vorzeit* (Ri 5,21).[76]

Schuldig bleibt bPes 118b eine Erklärung, was oder wer, unter „Meros" zu verstehen ist. Gesenius führt als Erklärung an, es handele sich um

---

75 Börner-Klein (1997), 140-141.
76 Übersetzung nach Lazarus Goldschmidt.

eine Stadt im Norden Palästinas.[77] Dies ist ein Erklärungsversuch, den
der Kontext begründet, denn im nachfolgenden Teil des Verses werden
Bewohner einer Stadt oder einer Ortschaft adressiert. In bMQ 16a findet
sich die Anmerkung, es habe unterschiedliche Meinungen dazu gegeben,
was unter „Meros" zu verstehen sei:

> Ula sagte, Baraq habe (offenbar: die Stadt) Meros mit 400 Posau-
> nenstössen gebannt. Manche sagen, es war ein bedeutender Mann.
> Manche sagen, es sei ein Stern, denn es heisst: *Vom Himmel her kämpften
> die Sterne* (Ri 5,20).

Interessanterweise entschied sich der Autor des Alphabets des Ben Sira,
„Meros" als Stern zu deuten und damit eine mythologische Erklärung
abzugeben. Der Grund dafür liegt in einem Wortspiel, das dem
vorangehenden Verb entnommen wurde. Aus dem Verb „verflucht"
(אורו/*oru*) wird aufgrund des Gleichklanges zu dem hebräischen Wort für
„Licht" (אור/*or*) geschlossen, dass der Fluch darin bestand, Licht von
Meros wegzunehmen. Das ist aber nur dann sinnvoll, wenn man
annimmt, das „Meros" ein Stern, ein Himmelswesen, gewesen ist. Gott,
der auch als der Herr der Heerscharen – nämlich von Himmelswesen –
bezeichnet wird, befiehlt den Himmelswesen, Israel im Kampfe beizu-
stehen. Da die himmlische Welt oft als Spiegel der irdischen Welt dargestellt wird (z.B. finden die Opfer im irdischen und im himmlischen
Tempel gleichzeitig statt), muss Meros ein weibliches Himmelswesen
sein, da im irdischen Debora und Jael die Hauptfiguren besetzen. Stehen
Debora und Jael aber im Lichte ihrer Taten, verfinstert sich Meros durch
die Weigerung zu helfen.

---

77 Vgl. Gesenius (1962), 460.

9. Über Tod und Leben, Engel und Menschen – klangliche Worterklärungen und Abwehr von häretischen Deutungen der Bibel

In einer zusätzlichen Frage, die Nebukadnezar Ben Sira stellt, findet sich die Anmerkung, dass die Engel Michael und Gabriel verpflichtet wurden, einen Vertrag über das Geschäft zwischen Gott und Erde über die Leihgabe des Materials, mit dem Gott Mann und Frau erschaffen wollte, zu schreiben:

> Und weiter fragte ihn (Nebukadnezar): „Warum ist die Erde berechtigt, alle (Bewohner der) Welt zu verzehren und zu verschlingen?"
>
> (Ben Sira) sagte zu ihm: „Nachdem der Heilige, gepriesen sei er, die Welt erschaffen hatte, da sprach Gott: *Lasst uns einen Menschen machen nach unserem Bildnis* (Gen 1,26). Und zu wem sprach er? Zu Michael und Gabriel. Und warum beriet er sich mit ihnen? Weil er sich am Anfang nicht mit ihnen beraten hatte. Vielmehr: Er wollte den Menschen (הָאָדָם/ *ha-adam*) aus der Erde (הָאֲדָמָה/*ha-adamah*) erschaffen. Da sprach (die Erde) vor ihm: „Herr der Welt, wenn du einen Menschen aus (dem Stoff des) Himmels erschaffen willst, erschaffe ihn, aber nimm nichts von mir." Er sagte zu ihr: „Ich werde (ihn)[78] dir von heute an für tausend Jahre übergeben, und nach den tausend Jahren nimm forthin von mir hundert, die (zusammen) ihm entsprechen." Sie sagte vor ihm: „Wenn [es so][79] ist, schreiben wir darüber einen Schuldvertrag, dass du mir hundert an jedem Tag[80] gibst. Und bringe mir Michael und Gabriel her, dass sie den Vertrag siegeln." Sofort ging der Heilige, gepriesen sei er, um sich mit Michael und Gabriel zu beraten, und er sagte zu ihnen: *Lasst uns einen Menschen machen* (Gen 1,26). Sogleich [ging] der Heilige, gepriesen sei er, [zur Erde][81] und nahm von der Erde und erschuf Adam. Sogleich schrieben sie einen Vertrag und siegelten ihn. […]

---

78 Adam, wenn Gott ihn aus Erde erschaffen hat.

79 Vgl. Anm. 15; vgl. Börner-Klein (2007), 182-183.

80 Die Erde präzisiert die Aussage Gottes und handelt ein Maximum heraus. Sie verlangt ausserdem eine formale Erklärung (Grundlage: pacta sunt servanda).

81 Vgl. Anm. 15; vgl. Börner-Klein (2007), 182-183.

Nachdem sie ihn geschrieben hatten, übergaben die Dienstengel ihn an Metatron und er ist in seiner Hand bis jetzt. Und daher sterben jeden Tag hundert Menschen, da sie dem Gewicht des ersten Menschen entsprechen.[82]

Diese Erzählung bietet eine Deutung zu Gen 1,26, wo Gott spricht: *Lasst uns einen Menschen machen.* Dieser Vers ist problematisch, da er die Vorstellung hervorrufen könnte, dass Gott, der in der Hebräischen Bibel als der einzige, unvergleichbare Gott beschrieben und angerufen wird, sich mit jemandem beraten haben könnte, als er den Menschen erschuf. In bMeg 9a wird daher darauf verwiesen, dass sich alle Übersetzer der Hebräischen Bibel ins Griechische darauf einigten, den Vers wie folgt zu übersetzen: „*Ich will einen Menschen machen in Bild und Form.*" Die Übersetzer ändern also den Bibeltext, um den Eindruck zu vermeiden, es gäbe Wesen, die Gott vergleichbar wären.

Der Autor des Alphabets des Ben Sira verweist darauf, dass die Engel bei der Schöpfung des Menschen lediglich als Zeugen für einen Vertragsabschluss dienten.[83] Sie bezeugen, dass sich Gott verpflichtete, das Material, das die Erde ihm leihweise für die Erschaffung Adams zur Verfügung stellte, zurückzugeben. Nebenbei ist so ausserdem geklärt, warum die Menschen sterblich sind. Sie sind nicht sterblich, weil sie vom Baum der Erkenntnis gegessen haben, sondern weil Gott den Menschen gar nicht hätte erschaffen können, wenn die Erde diese Erschaffung nicht aus sich selbst heraus „vorfinanziert" hätte. Gott wiederum hat sich verpflichtet, das Material, das die Erde zur Erschaffung des ersten Menschenpaares zur Verfügung gestellt hatte, wieder zu erstatten. Aus diesem Grund also müssen die Menschen der Erde ihren Leib zurückgeben. Die Toten kehren zurück zu ihrem Ursprung, zu „Mutter" Erde.

---

82 Vgl. Börner-Klein (2007), 180-189.
83 Vgl. dagegen GenR 8,4; PRK 3,4.

Literatur

BACHER, Wilhelm: Lilith, Königin von Smaragd, MGWJ 19 (1870), 187-189.

BÖRNER-KLEIN, Dagmar: Das Alphabet des Ben Sira. Hebräisch-deutsche Textausgabe mit einer Interpretation, Wiesbaden 2007.

BÖRNER-KLEIN, Dagmar: Rabbinische Texte. Tannaitische Midraschim. Sifre zu Numeri. Übersetzt und erklärt, Stuttgart u.a. 1997.

BÖRNER-KLEIN, Dagmar: Transforming Rabbinic Exegesis into Folktale, Trumah 15 (2006), 139-148.

COLAPIETRO, Vincent M.: Glossary of Semiotics, New York 1993.

CONYBEARE, Frederick C.: The Testament of Salomo, JQR 11 (1899), 1-45.

COSQUIN, Emmanuel: Contes populaires des Loirraines, 2 Bde., Paris 1885.

DAN, Joseph: Forward to the Alphabet of Ben Sira. The Faksimile of the Constantinople Edition of 1519, Verona 1997.

DAN, Joseph: Alphabet of Ben Sira, EJ 3, 548-549.

DAN, Joseph: The Hebrew Narrative Literature in the Middle Ages (h), Jerusalem, 1974.

DUKES, Leopold: Rabbinische Blumenlese. Eine Sammlung, Übersetzung und Erläuterung der hebräischen und chaldäischen Sprüche des Sirach, talmudischer Sprichwörter, Sentenzen und Maximen, Leipzig 1844.

ENELOW, Hyman Gerson (Hg.): The Mishnah of Rabbi Eliezer or The Midrash of Thirty-Two Hermeneutic Rules, New York, 1933.

ENELOW, Hyman Gerson: The Midrash of 32 Rules of Interpretation. JQR 23 (1932/33), 357-367.

EPSTEIN, Abraham: Alpha Beta de Ben Sira. Me-Qadmoniot ha-Jehudim, Jerusalem 1957 (Erstdruck Wien 1887).

FREIDUS, Abraham Solomon: A Bibliography of Lilith. Bulletin of the Brooklyn Entomological Society 12.1 (1917).

FRIEDMANN, David (Dénes) Z./LÖWINGER, David Samuel: Alfa Beta de Ben Sira, Hazofeh 10 (1926), 250-281 (Nachdruck Jerusalem 1972).

GASTER, Moses: Beiträge zur vergleichenden Sagen- und Märchenkunde. X. Lilith und die drei Engel, MGWJ 29 (1880), 553-565.

GASTER, Moses: The Exempla of the Rabbis, New York, 1924.

GASTER, Moses: Two Thousand Years of Charm Against the Child-Stealing Witch, in: ders.: Studies and Texts in Folklore, Magic, Medieval Romance, Hebrew Apocrypha, and Samaritan Archeology, London 1928, 1005-1038.

GESENIUS, Wilhelm: Hebräisches und Aramäisches Handwörterbuch über das Alte Testament, 17. Aufl. Berlin u.a. 1962.

GINZBERG, Louis: The Legends of the Jews, 7 Bde., Philadelphia 1909-1937.

GOLDSCHMIDT, Lazarus: Der Babylonische Talmud, neu übertragen durch Lazarus Goldschmidt, Berlin 1930f.

GRÜNBAUM, Max: Gesammelte Aufsätze zur Sprach- und Sagenkunde, Berlin 1901.

HADAS, Moses: Fables of a Jewish Aesop, Boston 2001.

HOPKINS, Simon: Miscellany of the Pieces of the Cambridge Geniza Fragments, Cambridge 1978.

HUMM, Allan: Lilith Bibliography, http://ccat.sas.upenn.edu/~humm/Topics/Lilith/bib.html. (1995-1997), 22.5.2007.

JASTROW, Marcus: A Dictionary of the Targumim, the Talmud Babli and Yerushalmi, and the Midrashic Literature: With an Index of Scriptural Quotations, New York 1903.

KOHUT, Alexander: Über die jüdische Angelologie und Dämonologie, Leipzig 1866.

KRAPPE, Alexandre Haggerty: The Birth of Eve, in: Gaster Anniversary Volume, London, 1936, 312-322.

LEVI, Israel: Lilit et Lilin. REJ 68 (1914), 15-21.

LIPZIN, Sol: Rehabilitation of Lilith. Dor le dor 5 (1976-77), 66-74.

LÖWE, Herbert: Jewish Demons and Spirits, in: Encyclopaedia of Religion and Ethics (hg. von J. Hastings), Edinburg 1964, 4, 612-615.

MORGENSTERN, Julian: Rites of Birth, Marriage, Death and Kinderer Occations Among the Semites, Chicago 1966.

MULDER, Martin Jan/SYSLING, Harry (Hg.): Mikra. Text, Translation, Reading and Interpretation of the Hebrew Bible in Ancient Judaism and Early Christianity, Assen/Maastricht 1990.

PATAI, Raphael: The Hebrew Goddess, New York 1990 (1967).

PATTE, David: Early Jewish Hermeneutic in Palestine, Missoula, Montana 1975.

Pirke de-Rabbi Elieser. Nach der Edition Venedig 1544 unter Berücksichtigung der Edition Warschau 1852 aufbereitet und übersetzt von Dagmar BÖRNER-KLEIN, Berlin u.a, 2004.

VON RANKE-GRAVES, Robert: Griechische Mythologie. Quellen und Deutung, 14. Aufl., Hamburg 2001 (Original: The Greek Myths, Harmondsworth 1955).

REIFMAN, Jacob: Tekhunat Sefer Alfa Beta de-Ben Sira, Ha-Karmel 2 (1873), 124-138.

SHALOM (SCHOLEM), Gershom: Peraqim chadaschim me-injane Aschmodai we-Lilit. Tarbiz 19 (1948), 165-175.

SCHWAB, Moïse: Vocabulaire de l'angelologie, Paris 1897.

STERN, David/MIRSKY, Mark Jay: Rabbinic Fantasies. Imaginative Naratives from Classical Hebrew Literature, New Haven/London 1990.

VON STUCKRAD, Kocku: Lilith. Im Licht des schwarzen Mondes zur Kraft der Göttin, Braunschweig, 1997.

TELESKO, Werner: The Wisdom of Nature. The Healing Powers and Symbolism of Plants and Animals in the Middle Ages, München, London/New York 2001.

TENDLAU, Abraham Moses: Das Buch der Sagen und Legenden jüdischer Vorzeit, Stuttgart 1842.

TORCZYNER, Harry: A Hebrew Incarnation Against Night-Demons from Biblical Times. Journal of Near-Eastern Studies 6 (1947), 18-29.

TRACHTENBERG, Joshua: Jewish Magic and Superstition, New York 1939.

WALLIS BUDGE, E.A.: Amulets and Superstitions, London, 1930.

YASSIF, Eli: The History of Ben Sira: Ideational Elements in Literary Work (h), Eshel Beer-Sheva 2 (1980), 97-117.

YASSIF, Eli: The Tales of Ben Sira in the Middle Ages. A Critical Text and Literary Studies (h), Jerusalem 1984.

ZERLING, Clemens/BAUER Wolfgang: Lexikon der Tiersymbolik, München 2003.

„Es ist mancher scharfsinnig, aber ein Schalk, und kann die Sache drehen, wie er es haben will." Intertextuelle Kritik rabbinischer Quellenarbeit im Alphabet des Ben Sira (Lennart Lehmhaus)

1. Text und Textgruppen

Die Textkomposition des „Alphabets des Ben Sira" weicht in den verschiedenen Handschriften und Drucken stark voneinander ab. Eli Yassif, der die bislang ausführlichste Analyse des Werkes vorgelegt hat, ordnete daher die unterschiedlichen Textversionen in zwei typische Gruppen.[1] Vertreter der Textgruppe A[2] enthalten eine Einleitung zu Hiob 5,9, die Geburtsgeschichte Ben Siras, einen Dialog zwischen Ben Sira und seinem Lehrer in hebräischen alphabetisch geordneten Sinnsprüchen sowie eine Version des Dialogs zwischen Ben Sira und Nebukadnezar. Darauf folgen aramäische alphabetische Sinnsprüche. Vertreter der Textgruppe B weisen nach dem Dialog zwischen Ben Sira und Nebukadnezar eine Textgruppe mit zusätzlichen Fragen auf; bei ihnen fehlen jedoch die aramäischen alphabetischen Sinnsprüche. Textgruppe A ordnet Yassif einer nordwesteuropäischen (aschkenasischen) Handschriftentradition zu, Textgruppe B Italien und den spanischen Gebieten.[3] Yassif bietet in seiner Edition beide Texttraditionen. Als Repräsentanten der Texttradition A wählte er die Handschrift Oxford, Bodleiana Or. 135 und ergänzte diesen Text aus Ms Oxford, Bodleiana Hebr.d.11, wenn eine Stelle unklar war.[4] Haupttextzeugen der Texttradition B sind die Handschriften Parma 2456 (de Rossi 1090),[5] Kaufmann 59, Budapest, und Vatikan Hebr. 285.[6]

---

1 Vgl. Yassif (1984), 16-19.
2 Vgl. Yassif (1984), 186.
3 Vgl. Yassif (1984), 186.
4 Vgl. Yassif (1984), 187.
5 Vgl. Yassif (1984), 186: Ms Parma 2456 ist der älteste und verlässlichste Textzeuge. Die Handschrift wurde im 14. Jahrhundert in Italien verfasst; vgl. Richler (2001), 146.
6 Vgl. Yassif (1984), 188.

Das Gespräch zwischen Ben Sira und seinem Lehrer weist in beiden Textvarianten im ersten Teil eine grosse Ähnlichkeit auf. Yassif vermutet einen gemeinsamen Urtext bzw. eine gemeinsame Ben Sira-Tradition. Im zweiten Teil des Lehrer-Schüler-Gesprächs weichen beide Textgruppen erheblich voneinander ab. Im Folgenden soll gezeigt werden, warum dies der Fall ist:

Text A[7]		Text B[8]	
	[Ben Sira] sagte zu ihm: „Noch hast du mich nichts gelehrt (und hierin liegt deines Herzens Sorge, denn …). Und du bist nicht mein Lehrer."		Ben Sira sagte zu ihm: „Bislang bist du noch nicht mein Lehrer, denn bislang habe ich von dir noch gar nichts gelernt."
	Sofort sagte der Lehrer zu ihm: „Sag nun **Alef**!"		[Der Lehrer] sagte zu ihm: „Sag **Alef**."
	[Ben Sira] sagte zu ihm:		[Ben Sira] sagte zu ihm:

7 Übersetzt nach Textvariante A in Yassif (1984), 203-211.
8 Börner-Klein (2007), 22-39. (Anm. der Hg.: Wortlaut wie dort, lediglich die Schreibweise der hebräischen Buchstabennamen und die Zitierweise der Bibelstellen wurden angeglichen. In dieser Textübersicht stehen in eckigen Klammern zum besseren Verständnis des Textes eingefügte Ergänzungen wie auch Abschnitte, die in der Handschrift fehlen und aufgrund anderer Textfassungen ergänzt wurden. In runden Klammern stehen sperrige Textteile und solche, die offensichtlich Schreibfehler sind. Auch hebräische Begriffe werden in runden Klammern angeführt.)

„**Aber**	dein Herz belaste nicht mit Sorge, denn schon viele Menschen tötete die Sorge."		„**An**	dein Herz lass keinen Kummer heran, denn schon viele Menschen hat Kummer getötet."
				Da war er bestürzt und sagte zu ihm:
			„**Allein**	den einen Kummer habe ich in der Welt, dass meine Frau hässlich ist."
	[Der Lehrer] sagte zu ihm: „Sag nun **Bet**!"			Er sagte zu ihm: „Sag **Bet**."
	[Ben Sira] antwortete ihm:			[Ben Sira] sagte zu ihm:
„**Bei**	der Gestalt einer schönen Frau sind schon viele ins Verderben geraten und ungemein viele sind durch sie umgekommen."		„**Bei**	der Gestalt einer schönen Frau sind schon viele ins Verderben geraten, und zahlreich sind all die, die durch sie umgekommen sind."
	[Der Lehrer] sagte zu ihm: „(Gib dein Geheimnis preis!) Weil ich dir mein Geheimnis offenbart habe, sprichst du so zu mir. Dass			[Der Lehrer] sagte zu ihm:
			„**Bloss,**	weil ich dir meine Geheimsache anvertraut und dir gesagt habe, dass

	es dir bloss nicht schlecht bekomme, dass ich dir mein Geheimnis offenbarte!"		meine Frau hässlich ist, sprichst du über die Gestalt einer schönen Frau zu mir. Vielleicht ist es ja übel für dich, dass ich dir mein Geheimnis anvertraut habe."
	[Der Lehrer] sagte: „Sag **Gimel**!"		[Der Lehrer] sagte zu ihm: „Sag **Gimel**."
	[Ben Sira] sagte zu ihm:		[Ben Sira] sagte zu ihm:
„**Gib**	dein Geheimnis [nur] einem von Tausend preis, wenn die zahlreich werden sollen, die mit dir in Frieden leben!"	„**Gib**	dein Geheimnis [nur] einem von Tausend preis, wenn es viele sein sollen, mit denen du in Frieden leben willst."
	Und der Lehrer sagte:		Und [der Lehrer] sprach wiederum zu ihm:
„**Gab**	ich doch nur dir und keinem sonst mein Geheimnis preis.	„**G**eoffenbart[9]	habe ich mein Geheimnis dir und keinem anderen auf der Welt. Ich will mich

---

9 Nach Yassif (1984), 203 (A). A nimmt hier in der Antwort des Lehrers den geforderten Buchstaben Gimel auf (גיליתי סודי), während B dies weniger geschickt löst (אגלה לך סודי).

	Er sagte [damit] zu ihm: Berate mich hinsichtlich meiner Frau, von der ich mich scheiden lassen will, da es auf dem Hof eine andere Frau gibt, die viel schöner ist."		nämlich von meiner Frau scheiden, weil sie hässlich ist, und da es auf meinem Hof eine schönere Frau gibt."
	[Der Lehrer] sagte: „Sag jetzt **Dalet**!"		[Der Lehrer] sagte zu ihm: „Sag **Dalet**."
	[Ben Sira sprach]:		[Ben Sira] sagte zu ihm:
„**D**einen	Leib wende fort von einer anmutigen Frau wie von glühenden Kohlen."	„**D**einen	Leib wende ab von einer koketten Frau, sonst verfängst du dich in ihrer Falle."
	[Da sagte der Lehrer]: „Aber was soll ich denn tun? Immer wenn ich in meinem Haus wandle, so wirft sie sich vor mir nieder und ich werfe ein Auge auf sie. Und es ist recht in meinen Augen."		[[Der Lehrer] sagte zu ihm: „Und was soll ich tun? Wann immer ich in mein Haus gehe und auf sie treffe, zieht sie meinen Blick auf sich."
	[Der Lehrer] sagte zu ihm: „Sag **Heh**!"		[Der Lehrer] sagte zu ihm: „Sag **Heh**."

	[Ben Sira] sagte zu ihm:		[Ben Sira] sagte zu ihm:
„**H**ebe	stets deinen Blick fort von einer anmutigen Frau, damit du ihr nicht in die Falle gehst!"	„**H**alte	stets deinen Blick fern von einer koketten Frau, sonst verfängst du dich in ihrer Falle."]]
	[Der Lehrer] sprach zu ihm: „Was für eine Falle? Wenn es dir um Zauberei geht, so fürchte ich mich [schon]. Doch weiss ich, dass sie mir keine Zauberei antun wird. Denn ihr erster Mann, der war ein Dünnbart (דל זקן/dal zaqen). Ich [hingegen] bin ein Dickbart (עב זקן/ab zaqen)."		[Der Lehrer] sagte zu ihm: „[Welche Falle?] Ich fürchte mich nicht, weil sie ihm keinen Zauber macht. Sie hatte nämlich einen anderen Mann und machte sich einen Zauber, weil er ein Dünnbart war. [Ich aber bin ein Dickbart.]"
			[[Der Lehrer] sagte zu ihm: „Sag **Waw**."
			[Ben Sira] sagte zu ihm:
		„**W**ehe	dem, der seinen Augen nachgeht, obwohl er weiß, dass sie unzüchtig sind und er an ihnen nichts [Gutes] hat."]

	Er sagte zu ihm: „Sag **Sajin**!"		[Der Lehrer] sagte zu ihm: „Sag **Sajin**."
	[Ben Sira] sagte:		[Ben Sira] sagte zu ihm:
„So	spotte weder über einen Dünnbart noch über einen Dickbart, denn du weisst nicht, was dir beschieden ist."	„Spotte	weder über einen Dünnbart noch über einen Dickbart, denn du weißt nicht, was dir beschieden ist."
	[Der Lehrer] sagte: „Sag mir, dass ich nicht auf deinen Rat hören soll! Denn ich will sie heiraten. Doch habe ich [schon] eine Frau und sieben Töchter, und diese umsorgen mich ehrenvoll."		[Der Lehrer] sagte zu ihm: „Ich hätte sie bereits geheiratet, wenn ich nicht sieben Töchter hätte. Denn ich sage [mir], wenn ich sie heiraten würde, wird sie mir Töchter gebären, da sie bereits eine Tochter hat."
			Ben Sira sagte zu ihm: „Es sollte dir genügen, dass du mich bereits hast wissen lassen, dass sie eine Zauberin ist."
	Er sagte zu ihm: „Sag **Chet**!"		[Der Lehrer] sagte zu ihm: „Sag **Chet**."

	[Ben Sira] antwortete ihm:		[Ben Sira] sagte zu ihm:
„**Ch**armant	sind für jeden Mann männliche Nachkommen. Wehe aber jenem Mann, der weibliche Nachkommen zeugt!"	„**Ch**ancen	hat ein jeder Vater, dass er männliche Nachkommen hat. [Aber] wehe dem Vater, der weibliche Nachkommen hat."
	[Der Lehrer sagte]: „Wenn es keine weiblichen Nachkommen gäbe, so gäbe es auch keine männlichen Nachkommen."		[Der Lehrer] sagte zu ihm: „Sieh doch, ich habe sieben Töchter und sie sind wertvoll für mich: Sie verrichten ja alle Arbeit, die in meinem Hause [anfällt], und sie sind in meinem Haus wie ein schöner Nussgarten."
	[Ben Sira] sagte zu ihm: „Du sprichst dir vergeblichen Trost zu. So sprachen [nämlich] die Weisen: Wehe dem, dessen Kinder weiblich sind!"		
	[Der Lehrer] sagte ihm: „Sag **Th**et!"		[Der Lehrer] sagte zu ihm: „Sag **Th**et."
	[Ben Sira] antwortete ihm:		[Ben Sira] sagte zu ihm:
„**T**euer	wie ein Schatz, doch nichtig, ist die	„**T**öchter	sind ein beunruhigender Schatz für

134

	Tochter dem Vater, der aus Sorge um sie nachts nicht schläft."		einen Vater. Aus Sorge um sie schläft er in der Nacht nicht."
			[Der Lehrer] sagte zu ihm: „Warum sagst du, wehe dem Vater, der weibliche Nachkommen hat? Wenn es keine weiblichen gäbe, gäbe es auch keine männlichen [Nachkommen]!"
			[Ben Sira] sagte zu ihm: „Dennoch sprichst du dir selbst falschen Trost zu, denn so haben die Weisen [es] gesagt: Glücklich, dessen Nachkommen männlich sind, wehe dem, dessen Nachkommen weiblich sind. Daher habe ich gesagt, wehe dem Vater, der weibliche Nachkommen hat."
			[Der Lehrer sagte zu ihm: „Und warum?

			Ben Sira sagte zu ihm:] Kein Vater, der weibliche Nachkommen hat, schläft in der Nacht [ruhig]."
	[Der Lehrer] sagte zu ihm: „Sag **Jod**!"		[Der Lehrer] sagte zu ihm: „Sag [es mit] **Jod**."
	[Ben Sira] sprach zu ihm:		[Ben Sira] sagte zu ihm:
„Jahre	ihrer Kindheit wird er behüten, dass sie nicht verführt oder unzüchtig werde. Ist sie Heranwachsende [sorgt er sich], dass sie vielleicht nicht verheiratet wird!"	„Jungfrauen	beobachte, man könnte sie verführen, und Mädchen [behalte im Auge], sie könnten unzüchtig werden, Herangewachsene, dass sie nicht unverheiratet bleiben."
	[Der Lehrer] sagte zu ihm: „Alles, was du mir gesagt hast, war nichts als die Wahrheit. Aber ein Mann sorgt sich nur um seine Tochter bevor sie verheiratet ist.	„Kein	[Der Lehrer] sagte zu ihm: [Wort], was du gesagt hast, ist unwahr, nur sorgt sich ein Mann um seine Tochter nur solange, bis sie verheiratet ist."

	Er sagte zu ihm: „Sag nun **Khaf**!"		[Der Lehrer] sagte zu ihm: „Sag **Khaf**."
	[Ben Sira sprach]:		[Ben Sira] sagte zu ihm:
„**K**ann	sie etwa keine Kinder bekommen? – [darum sorgt er sich] nach der Hochzeit. Und wenn sie alt wird, [ist er in Sorge], dass sie dir keine Zauberei anhängt."	„**K**aum	hat sie geheiratet, [besteht die Sorge darin,] dass sie keine Kinder bekommen könnte, und wenn sie alt geworden ist, dass sie keine Zaubereien anstellt."
	[Der Lehrer] sagte zu ihm: „Hätte ich dir nicht alle diese Dinge gesagt, so hättest du mir nicht auf diese Weise geantwortet. Ich sprach zu dir von meiner Frau. Da hättest du mir antworten sollen: Hebe fort deinen Blick! Von meinen Töchtern [sprach ich], die in Kummer leben. Und du sagtest mir netterweise [auch noch], dass ich mich um sie sorgen werde als Kinder, als Heranwachsende		Und so ging er mit ihm durch die Worte, bis er für ihn die 22 Abschnitte des Alphabets vervollständigt hatte.

	und als Ehefrauen. Für mich wäre es nur gut, zu verschwinden, damit ich nicht all diesen Kummer mit ansehen muss."		
	Er sagte zu ihm: „Sag **Lamed**!"		[Der Lehrer] sagte zu ihm: „Sag **Lamed**."
	[Ben Sira] sprach zu ihm:		[Ben Sira] sagte zu ihm:
„Leide	nicht heute am Kummer von morgen, denn du weisst nicht, was der Tag [noch] bringt!" [[Und so leitete er ihn durch die Worte [des Alphabets], bis dass sie [es] von Alef bis Taw vollendet hatten. [Der Lehrer] sagte zu ihm: „Sag **Lamed**!" [Ben Sira] sprach:	„Lass	morgen morgen sein, denn Salomo, Friede sei mit ihm, sagte (Prov 27,1): *Preise dich nicht des morgigen Tages, denn du weisst nicht, was der Tag gebiert.*" [Der Lehrer] sagte zu ihm:
„Leg	dich nicht zum Schlafen nieder in deiner Jugend! Und	„**M**uss	ich [nicht doch etwas] tun? [Oder] esse ich [nur noch],

	auf deine alten Tage lass dich nicht mit einer alten Frau [zum Heiraten] ein, die deine Kräfte schwächt, obwohl du ausgezeichnet bist. Und eine Jungfrau vermehrt deine Kraft und deine Stärke.		um all das zu erdulden, was du mir gesagt hast?"
			[Ben Sira] sagte zu ihm: „Hast du nicht gelesen, *dass er es ist, der dich aus der Schlinge des Vogelstellers retten wird?* (Ps 91,3) Und es steht geschrieben: *Gesegnet ist der Mann, der sich auf JHWH verlässt und dessen Zuversicht JHWH ist* (Jer 17,7)."
	Und weiter sprach er zu ihm:		
„Leide	nicht heute am Kummer von morgen, denn du weisst nicht, was der Tag [noch] bringt!"]]		[Der Lehrer] sagte zu ihm:
		„Meine	grösste Angst, die ich habe, ist, dass meine Kraft ermattet."
	[Der Lehrer] sagte zu ihm: „Sag nun **Mem**!"		[Der Lehrer] sagte zu ihm: „Sag **Mem**."
	[Ben Sira] sagte zu ihm:		[Ben Sira] sagte zu ihm:
„**M**ehrt	der Born einer jungfräulichen Frau die Süsse [des Lebens] und die Kraft, so ist	„**M**unter	sei sein Herz, stets in Angst [vor der Sünde], und er wird vor dem Bösen

	der Born der Alten bitter wie Wermut und Gift und schwächt die Kraft. [So] wie bei einem Brunnen, von dem das Wasser geschöpft wird und der Wind es fortsaugt."		gerettet." [Der Lehrer] sagte zu ihm: „Ich mache mir in meinem Herzen die Gedanken, dass es mir vielleicht so ergehen wird." [Ben Sira] sagte zu ihm: „Hast du denn nicht gelesen (Prov 28,14): *Glücklich der Mann, der stets in Angst ist. Wer aber sein Herz verhärtet, wird durch Böses fallen?"*
	[Der Lehrer] sagte: „Sag **Nun!**" [Ben Sira] sagte zu ihm:		[Der Lehrer] sagte zu ihm: „Sag [es mit] **Nun.**" [Ben Sira] sagte zu ihm:
„**Nun**	reiss dich los von einer bösen Frau, die über dich mit ihrem Mundwerk herrscht. Denn eine böse Frau ist wie tolle Hunde, vor denen die Türen verschlossen werden. Und sie wird für ein Geschenk ihre Nase tief in den	„**Neben**	deiner Seele hüte auch dein Herz vor bösen Überlegungen und bösen Gedanken." [Der Lehrer] sagte zu ihm: „Ich werde mich vor bösen Plagen ängstigen und daher denke und sinne ich in

	Geldbeutel ste-cken."		meinem Herzen nach."
			[Ben Sira] sagte zu ihm: „Hast du denn nicht gelesen (Prov 19,21): *Viele Gedan-ken sind im Herzen eines Mannes[, aber zustande kommt der Ratschluss JHWHs]?"*
	[Der Lehrer] sprach: „Sag **Samech**!"		[Der Lehrer] sagte zu ihm: „Sag [es mit] **Samech**."
	[Ben Sira] sagte zu ihm:		[Ben Sira] sagte zu ihm:
„**S**ollen	Schriftgelehrte und Lehrer doch eine Jungfrau heiraten und keine entjung-ferte Frau. Denn der Born der Jungfrau ist für dich allein, doch vom Born der entjungferten Frau hat schon ein ande-rer vor dir ge-schöpft."	„**S**ei	in deinem Herzen nah der [Got-tes]furcht, und du wirst Begehrtes erreichen."
			[Der Lehrer] sagte zu ihm: „Die Furcht JHWHs ist in mei-nem Herzen, dem-gemäß verhalte ich mich in meiner Welt."
			[Ben Sira] sagte zu ihm: „Hast du denn nicht gelesen (Ps 111,10): *Der Weisheit*

141

			Anfang ist die Furcht JHWHs. Gute Einsicht ist allen, die danach handeln. Sein Ruhm besteht auf immer?"
	[Der Lehrer] sagte zu ihm: „Sag **Ajin**!"		[Der Lehrer] sagte zu ihm: „Sag [es mit] **Ajin**."
	[Ben Sira] sprach zu ihm:		[Ben Sira] sagte zu ihm:
„**A**ber	wende deinen Blick von der Witwe und begehre nicht ihre Schönheit! Denn ihre Kinder sind Kinder der Unzucht."	„**A**ll	deiner Übertretungen gedenke, und vergiss nicht deine Sünden."
		„**A**lle	[Der Lehrer] sagte zu ihm:
			meine Übertretungen sind mir gegenwärtig, und mein Leben lang erinnere ich mich [ihrer]."
			[Ben Sira] sagte zu ihm: „Hast du denn nicht gelesen:
	[Der Lehrer] sagte: „Sag **Peh**!"		
	[Ben Sira] sprach:		
„**P**ass	auf dich auf angesichts böser Gefährten. Wandle	*Panier*	*JHWHs gegen die, die Böses tun, um ihr Angedenken von der*

	nicht auf ihren Pfaden. Flieh vor ihnen. Und gerate nicht in ihre Falle."		*Erde zu vertilgen?* (Ps 34,17)"
	[Der Lehrer] sagte zu ihm: „Sag **Zade**!"		[Der Lehrer] sagte zu ihm: „Sag **Zade**."
	[Ben Sira] sagte zu ihm:		[Ben Sira] sagte zu ihm:
„**Zu**	Lebzeiten hüte deinen Besitz und verberge ihn vor deinen Erben, bis zu deinem Tode gib ihn nicht her!"	„**Zum**	Gerechten wirst du, wenn du Gott preist, denn deswegen wurdest du erschaffen."
			[Der Lehrer] sagte zu ihm: „Mein Sohn, ich sinne in meinem Herzen darüber nach, Reue zu empfinden, nun, da ich alt bin."
			[Ben Sira] sagte zu ihm: „Hast du denn nicht gelesen (Jer 14,7): *Wenn unsere Übertretungen wider uns zeugen, JHWH, so handle um deines Namens willen?*"
	[Der Lehrer] sagte zu ihm: „Sag **Quf**!"		[Der Lehrer] sagte zu ihm: „Sag **Quf**."

	[Ben Sira] sprach zu ihm:		[Ben Sira] sagte zu ihm:
„**K**auf	dir Besitz und eine gute, gottesfürchtige Frau und hab viele Kinder, wenn es auch hundert sein mögen!"	„**Q**ualvoll	ist ein Weg ohne Wegzehrung, wenn er weit ist. [Vorbereitet] bist du gerettet."
			[Der Lehrer] sagte zu ihm:
			„Mein Sohn, ich bin mir dessen sicher, dass ich von nun an keine Leidenschaft zu einer Übertretung verspüre."
			[Ben Sira] sagte zu ihm: „Hast du denn nicht gelesen (Jes 33,14): *In Zion ängstigen sich die Sünder, Zittern ergreift [die Ruchlosen]?*"
	[Der Lehrer] sagte zu ihm: „Sag **Resch**!" [Ben Sira] sagte zu ihm:		[Der Lehrer] sagte zu ihm: „Sage [es mit] **Resch**." [Ben Sira] sagte zu ihm:
„**R**echt	fern von den Wohnstätten der Bösen halte dich und zähle nicht auf	„**R**ichte	deinen Blick nach oben. Ein Auge sieht und ein Ohr hört, dass alle einst

	ihre Freundschaft, denn *ihre Füsse eilen zum Bösen* (Jes 59,7) und sie vergiessen Blut den lieben langen Tag!"
	Und weiterhin sagte er ihm: „[Rechne damit], dass, wenn du vor Gericht stehen wirst, deine Nachbarn über dich Zeugnis ablegen. Darum erbarme dich ihrer und gib ihnen, auch wenn sie böse sind."
	[Der Lehrer] sagte zu ihm: „Sag **Schin**!" [Ben Sira] sprach zu ihm:
„**Sch**liesslich	lausche mein Herr meinem Wort und

	gerichtet werden."
	[Der Lehrer] sagte zu ihm: „Mein Sohn, von nun an werde ich nicht [nur] mit meinen Worten bereuen. Da die Angst vor JHWH in meinem Herzen ist, werde ich von nun an weder meine Frau beachten, noch meine Töchter; nur, um meine Seele vor dem Tage des Gerichts zu retten."
	[Ben Sira] sagte zu ihm: „Hast du denn nicht gelesen (Hosea 7,9): *Fremde verzehren seine Kraft, doch er will es nicht merken, auch graues [Haar] besprengt ihn, doch er will es nicht merken?*"
	[Der Lehrer] sagte zu ihm: „Sag **Schin**." [Ben Sira] sagte zu ihm:
„**Sch**liesslich:	Hast du einen guten Ruf, ist auch dein

„**Sch**ützen	es neige sich dein Ohr meiner Rede!“ Und weiterhin sagte er ihm: soll dich mein Herr vor Streitigkeiten mit deinem Nächsten. Und sprich, wenn du [es] bei deinen Freunden siehst. Lass ihre Verleumdungen nicht über deine Lippen kommen.“		Ende gut.“ [Der Lehrer] sagte zu ihm: „Der Heilige, gepriesen sei er, hat dich mit mir zusammengebracht, damit du mich stärkst und mich an die Furcht JHWHs erinnerst. *An seinen Geboten habe ich großen Gefallen* (Ps 112,1). Glücklich seiest du in dieser Welt und in der kommenden Welt.“ [Ben Sira] sagte zu ihm: „Von nun an finde ich an dir [als Lehrer] Gefallen.“
	[Der Lehrer] sagte zu ihm: „Sag **Taw**!“		[Der Lehrer] sagte zu ihm: „Sag **Taw**.“
	[Ben Sira] sagte zu ihm:		[Ben Sira] sagte zu ihm:
„**T**rachte	nach Gold und allem Besitz, doch sage es nicht deiner Frau! Lass es im Verborgenen!“	„**T**rachte	*in deinem Herzen zu verstehen, dass Gott dich wegen all diesem ins Gericht bringen wird*“ (Koh 11,9).

			[Der Lehrer] sagte zu ihm: „Mein Sohn, ich ängstige mich vor dem Tag des Gerichts, denn nichts nützt an ihm, außer Reue und gute Werke."
			[Ben Sira] sagte zu ihm: „Hast du denn nicht gelesen: Am Ende der Rede wird das Ganze verstanden: *Fürchte Gott und halte seine Gebote, denn dies ist der ganze Mensch*" (Koh 12,13)?

In diesem Aufsatz soll das intertextuelle Wechselverhältnis, das sich zwischen dem apokryphen Sirachbuch (im folgenden: Sirach), dessen Zitierung im Talmud und dem Aufgreifen dieser Sirach-Zitationen im „Alphabet des Ben Sira" ergibt, skizziert werden. Anhand dieser Relationen soll erklärt werden, wie und warum die Textvarianten in der zweiten Hälfte des Sinnsprüche-Abschnitts so stark voneinander abweichen. Dabei soll von der Grundthese ausgegangen werden, dass die zu untersuchenden Texte als eine Form literarischer Kritik auf verschiedenen Ebenen funktionieren und nicht allein vulgäre Satire oder reine Parodie sind.

2. Sirach, babylonischer Talmud und das „Alphabet": literarische Kritik auf mehreren Ebenen

In seinen Überlegungen zum Text des „Alphabets" hat Yassif überzeugend dargelegt, dass sich die Spruchweisheiten bis *Khaf* aus der Diskussion in bSanh 100b ableiten lassen, in deren Verlauf Zitate aus Sirach präsentiert werden. Yassif konstatiert, dass der mittelalterliche Autor nun passende Spruchweisheiten benutzt und diese nach der alphabetischen Ordnung umgestaltet und sortiert habe. Dabei habe der Autor durch die direkte Übernahme und durch das Weglassen der laut dem Talmud „verbotenen" Stellen die Bewertung jener Zitate in der amoräischen Diskussion klar akzeptiert.[10] Allerdings fragt Yassif hierbei kaum, wie die Zitate im Talmud sich zu ihrer Quelle im Sirachbuch verhalten und warum der mittelalterliche Autor ausgerechnet jene Stellen in bSanh 100b als Grundlage für die erste Hälfte seines Alphabets benutzt habe. Dazu kann vermutet werden, dass der Autor vor allem deshalb Zitate aus bSanh 100b verwendet, weil sich hier die umfassendste Passage mit Zitaten aus Sirach in der gesamten rabbinischen Literatur finden lässt. Verschiedene Studien haben ergeben, dass das Sirachbuch in der gesamten antiken jüdischen Welt eine recht grosse Popularität und Verbreitung erlangte. In der rabbinischen Literatur findet sich eine Fülle von Zitaten, die zuweilen direkt Sirach zugeschrieben oder aber ohne Angaben zitiert bzw. einem rabbinischen Gelehrten in den Mund gelegt werden. Daneben finden sich auch viele indirekte Zitate, die sich als Paraphrasen eng an Sirach anlehnen. Abweichungen bzw. Paraphrasen lassen sich zum Teil damit erklären, dass die Rabbinen aus dem Gedächtnis zitierten und Zitate aus Apokryphen meist einer stärkeren Veränderung unterworfen waren.[11] Tal Ilan zeigt in ihrer Arbeit zu den 26 Zitaten aus Sirach in bSanh 100b,[12] dass die talmudischen Verweise hier eine ganz bestimmte Tendenz erkennen lassen. In der Diskussion der Amoräer Raw Josef und Abbaje über Ben Sira (Sirach) im Kontext der verbotenen Bücher werden Zitate angeführt, die grösstenteils belegen, dass ähnliche

---

10 Vgl. Yassif (1984), 41-43.
11 Vgl. Gilbert (1991), 81-91; Wright (1999), 41-50.
12 Vgl. Ilan (1999), 155-172.

Ideen wie in Sirach auch in biblischen oder rabbinischen Quellen zu finden sind. Auffällig sei hierbei, so Ilan, dass sich eine grosse Anzahl der zitierten Verse in negativer Weise auf das Thema „Frauen" bezieht. Von den 31 zitierten Versen im gesamten babylonischen Talmud seien dies etwa 40% und in der erwähnten Passage sogar die Hälfte. In einer Detailanalyse versucht Ilan zu beschreiben, in welcher Weise der Talmud hier Zitate aus Sirach benutzt, verändert oder sogar teilweise „nachdichtet". Hier finden sich neben den Versen über Frauen auch Maximen über eine gute Lebensführung, die zum Teil direkte Zitate sind oder zumindest enge Parallelen zu Sirach aufweisen. Einige dieser Maximen finden sich auch im „Alphabet des Ben Sira", etwa der Eröffnungssatz über die „tödliche Trauer", die Warnung vor dem „unnötigen Kummer" oder das Lob der Verschwiegenheit. Neben den direkten oder engen Parallelen in bezug auf Frauen (z.B. über die Töchter als Last) findet Ilan noch Stellen, an denen der Talmud in seiner Wortwahl über die negativen Formulierungen in Sirach hinausgeht (z.B.: „eine böse Frau ist wie Aussatz"). So findet sich etwa im Abschnitt über die Töchter eine Hinzufügung, die auch noch vor Hexerei warnt, die eine Frau praktizieren kann, obwohl sonst alle „Gefahren" des Weiblichen (wie Unzucht, Ehe- oder Kinderlosigkeit) überstanden scheinen. Hier greife der Talmud eine „Stimmung" auf, die sich an anderer Stelle in Sirach finde, bzw. die von den Autoren mit diesem Text verbunden worden sei. Als letztes und ähnliches Phänomen benennt Ilan eine Art antizipierende Neuschöpfung von Zitaten, die sich so nicht annähernd in der Quelle nachweisen liessen. So wird eine Aussage über die ungewöhnliche Art, einen Fisch zu essen, in der Diskussion von bSanh 100b und bei Raschi als eine Warnung vor abnormen Sexualpraktiken interpretiert, von der die Autoren angenommen hätten, dass sie im Sinne Sirachs formuliert sei. Ähnlich Sirach „untergeschoben" werde auch die aus dem Zusammenhang gerissene Aussage in Micha 7,5, die das Misstrauen gegenüber der eigenen Ehefrau propagiere, obwohl diese Formulierung im Prophetenbuch lediglich eine extreme Beschreibung des moralischen Verfalls darstelle.[13] Zuletzt ist es noch interessant, dass jenes Zitat aus Sirach über „Dickbart und Dünnbart", mit dem sowohl die Rabbinen als auch Raschi die Trivialität und

---

13 Vgl. Ilan (1999), 166.

das Verbot des Werkes rechtfertigen, ein Spruch ist, der sich negativ gegen Männer wendet. Allerdings finden sich diese Aussagen in keiner Form in den bis heute überlieferten Versionen des Werkes und scheinen eine Hinzufügung des Talmuds zu sein. Aus dieser Analyse folgert Tal Ilan, dass besonders im babylonischen Talmud negative Meinungen zu Frauen, die sich in Sirach finden lassen, extrem verdichtet und kompakt dargestellt werden, wobei sogar zuweilen nicht allein zitiert, sondern im Geiste der antiken Quelle Aussagen verschärft oder hinzugedichtet würden. Eine Tendenz des Sirach zu negativen Aussagen über und gegen Frauen ist auch von anderer Seite bereits beschrieben worden. Erklärt wird dies vor allem mit der antiken Moralvorstellung von Ehre und Schande, die dem Mann eine zentrale Rolle bei der Kontrolle des Weiblichen in Familie und Gesellschaft zuweise. Allerdings finden sich in Sirach nur in etwa 7% des Gesamtwerks Aussagen zu Frauen, während die Talmudpassage mit etwa 50% eine klarere Tendenz aufweise, besonders negative Aussagen über Frauen aufzugreifen.[14] Eine mögliche Erklärung für solch eine Tendenz wäre, dass die Rabbinen nicht auf einen vollständigen Text, sondern nur auf ein Florilegium, eine Sammlung populärer Sirach-Weisheiten über Frauen zurückgreifen konnten. Allerdings scheint die zweite Hälfte der Zitate in bSanh 100b, die sich nicht auf Frauen bezieht, diesem Ansatz grundlegend zu widersprechen. Es zeigt sich demnach, dass der babylonische Talmud – scheinbar gezielt – nur ganz bestimmte Passagen aus dem Sirachbuch aufgegriffen hat. Und gerade diese Stellen, so negativ sie auch über Frauen urteilen mögen, werden in bSanh 100b nicht von den Amoräern gegen das Werk angeführt, sondern zumindest als brauchbar oder biblischen und rabbinischen Aussagen ähnlich bezeichnet. Indem die Passage hier nur jeweils einzelne Verse zitiert, reisst sie diese aus dem Kontext des Gesamtwerks, das sich zu 90% eben nicht mit dem Thema „Frauen" beschäftigt. In Sirach sind die Verse über Frauen, denen ihre negative Tendenz nicht abgesprochen werden kann, immer eingebettet in den grösseren Kontext eines Werkes, dessen zentrales Thema das Streben nach Wissen und Erkenntnis (theoretische Weisheit) ist. Diese Weisheit bleibt jedoch geerdet durch die moralische Integrität, Gebotstreue und Gottesfurcht

---

14 Vgl. Trenchard (1982); Camp (1991), 1-40.

des Einzelnen. In diesem Sinne sind dort auch die meisten Äusserungen zu verstehen, die sich auf Frauen beziehen, z.B. die Warnung vor der Gefahr der Verführung durch fremde Frauen. Durchaus konform mit damaligen Moralvorstellungen ist auch die Sorge um die Integrität der eigenen Kinder (vor allem der Töchter) sowie die Warnung vor bestimmten Frauentypen. Die „böse" oder „gute" Frau wird in diesem Sinne als Lohn für eine rechte Lebensweise bzw. ihr Gegenteil betrachtet.

Im Zusammenhang mit dem „Alphabet des Ben Sira" lässt sich erkennen, dass von den elf aus dem Talmud übernommenen und alphabetisch arrangierten Zitaten acht Sprüche das Thema „Frauen" behandeln, während die übrigen zur Kategorie der praktischen Lebensmaximen (Wohlergehen und Privatsphäre) gehören. Ein zentraler Teil der ersten Hälfte handelt vom Lob der männlichen Nachkommen und der Sorge um die Töchter (von *Chet* bis *Khaf*). Die Sinnsprüche über Frauen beginnen bei *Bet* und setzen sich bei *Dalet* und *Heh* fort mit der expliziten Warnung vor der Gefahr der Verführung durch eine schöne Frau und ihre körperlichen Reize. Allerdings gibt es in bSanh 100b an anderer Stelle den Hinweis, dass „eine schöne Frau" (אשה יפה/*ischah jafah*) einem Mann die Lebenszeit verdoppele. Nimmt man nun an, dass der Autor im „Alphabet des Ben Sira", wie von Yassif dargelegt, seine Zitate der Talmudpassage entnimmt, so scheint sich hier neben der Kritik des jungen Ben Sira an seinem Lehrer, wie sie sich aus dem Dialog mit dem Lehrer ergibt, eine weitere ironisch-kritische Verständnisebene zu öffnen: Das Gespräch mit dem Lehrer offenbart in der ersten Hälfte die Lücken in der Weisheit des angeblichen Wunderkindes Ben Sira, dessen Sinnsprüche zwar voller Pathos sind, jedoch nicht über die mangelnde Lebenserfahrung hinwegtäuschen können. Der kleine Ben Sira entspricht somit keinesfalls dem Ideal des Weisen im Werk seines Namensvetters. Denn in Sirach ist das theoretisch angelernte Buchwissen nur ein, wenn auch wichtiger, Teilaspekt umfassender Weisheit. Diese wird von Gott jedoch nur dem gewährt, der sie innerhalb eines moralischen Lebens, das auf Treue zu den Geboten und Gottesfurcht gegründet ist, zur praktischen Weisheit entfaltet. Der Weise bei Sirach und in der biblischen Weisheitsliteratur soll zudem seine Gefühle kontrollieren können und

Mässigkeit üben (Sirach 31,12-29).[15] Er sollte verschwiegen (Sirach 19,7-12) und gegenüber seinen Mitmenschen freigebig und liebenswürdig sein (Sirach 4,1-10; 29,8-13). Betont wird in Sirach immer wieder, dass die praktische Weisheit als Perfektion des theoretischen Wissens bedeutender sei als die theoretische, besonders im zwischenmenschlichen Umgang. Diese speist sich aus reichlich Erfahrung, die im Leben und auf Reisen erworben werden muss. Eine zentrale Rolle spielen hierbei die gesellschaftlichen und gelehrten Traditionen (Sirach 8,8-9) und die Fähigkeit bzw. der Wille des jungen Menschen zum aufmerksamen Zuhören und dem offenen Lernen von und mit den Älteren.[16] Sowohl in der Geburtsgeschichte als auch im Gespräch mit dem Kinderlehrer zeigt der Autor die Schwachpunkte Ben Siras, der weder zur Verschwiegenheit noch zur Liebenswürdigkeit fähig ist. Das Lernen von den Älteren und der Respekt vor den Erfahreneren sind diesem Kind fremd. Dieser kleine Ben Sira ist noch lange nicht weise, sondern eher naseweis. Auf ihn passt im doppelten Sinn Sirach 19,11: *Aber ein Narr platzt heraus, wie ein zeitiges Kind, das (aus dem Mutterleib) heraus will.*

Die Sinnsprüche Ben Siras wie auch schon der erste Disput mit dem Lehrer über das Lernen anhand von Zitaten aus Mischna Abot (5,21; 2,15) demonstrieren, wie sich Verse, völlig losgelöst von ihrem ursprünglichen Kontext, als Stütze für fast jede Aussage entfremden lassen. Der Autor des „Alphabets" zeigt dies jedoch nicht an beliebigen Versen, sondern greift hierbei zurück auf bestimmte talmudische Zitationen aus jenem Buch, dessen Verfasser als Namensgeber des Protagonisten fungiert. Es scheint durchaus denkbar, dass hier der Autor indirekt Kritik an einer rabbinischen Praxis formuliert, die in bSanh 100b in auffälliger Weise zu beobachten ist: Dort werden Zitate aus Sirach, ohne Kontext und zum Teil verfremdet bzw. erfunden, angeführt und je nach Diskutant für oder gegen die Lektüre des Werkes eingebracht. Das „Alphabet" zeigt beispielhaft, dass solch eine Zitierung ohne Kontext in

---

15 Die Zitate aus dem Buch Sirach entstammen der Lutherbibel mit Apokryphen (Stuttgart 1988).

16 *Ignoriere nicht die Gespräche der Alten, denn auch sie lernten es von ihren Eltern* (Sirach 8,11); *Willst du zuhören, so wirst du Wissen erlangen. Bist du aufmerksam, so wirst du weise. Sei gern bei den Alten. Der weise ist, an den halte dich.* (Sirach 6,34-35); vgl. Di Lella (1993), 133-148.

dem Lehrgespräch zwischen Ben Sira und dem Lehrer durchaus Widersprüche und Gefahren bergen kann. Diese talmudische Ungenauigkeit im Umgang mit Zitaten und auch die tendenzielle Auswahl scheinen für den Autor fragwürdig und werden von ihm durch eben solch eine Dekontextualisierung kritisiert. Dies gilt umso mehr als es im Talmud um eine hoch brisante Frage, die der Lektüre „verbotener Bücher", geht, durch die ein Jude seinen Anteil an der kommenden Welt verlieren kann.

3. Unterschiedliche Strategien in den Textgruppen A und B

3.1. Textgruppe A

Von dieser Basis der intertextuellen Kritik ausgehend lässt sich ansatzweise erklären, wie die beiden Textvarianten in der zweiten Hälfte des Lehrgesprächs diese Kritik aufgreifen, dabei jedoch ganz unterschiedliche Wege wählen: Yassif merkt an, dass im A-Text die zweite Hälfte der alphabetischen Sinnsprüche eher einen erotischen Subtext aufweise, der sich vor allem aus dem folkloristischen Vulgärhumor speise. Diese Feststellung ist nur teilweise zutreffend, da in der A-Version nur vier Sprüche eine erotische Komponente besitzen. Daneben gibt es vor allem praktische Maximen zum Verhalten gegenüber der Öffentlichkeit und zum Umgang mit Geld. Allerdings fällt auf, dass auch hierbei weitere Sprüche das Thema „Frauen" aufgreifen. Insgesamt behandeln somit sieben von elf Sprüchen direkt diesen Themenbereich. Darin ähnelt die A-Version nicht nur der Passage in bSanh 100b bezüglich der Konzentration auf das Thema „Frauen", sondern übertrifft diese sogar. Es scheint plausibel, dass der zweite Teil im A-Text die Kritik aus der ersten Hälfte aufgreift und anhand weiterer, aus dem Sirach-Kontext gelösten Zitate der Talmudstelle verschärft. Im Folgenden soll exemplarisch gezeigt werden, wie diese Textversion dabei eine Doppelstrategie wählt. Sie formuliert zum einen Sinnsprüche, die durchaus die Tugendlehre der Weisheitsliteratur transportieren. Zum anderen finden sich Aussprüche, die im eklatanten Widerspruch zur Sirach-Tradition stehen, aber aufgrund der sexuellen und weiblichen Konnotation der willkürlichen Auswahl im Talmud als durchaus denkbar erscheinen könnten. So haben zwei der Sinnsprüche zu *Lamed* im A-Text über den unnötigen Kummer eine Parallele in Prov 27,1 und scheinen im Geiste mancher Sirach-Stellen formuliert zu sein (Sirach 30,22-27). Der mittlere Sinnspruch führt jedoch bereits zum offenen Kontrast. Die erste Maxime gegen Faulheit in der Jugend korrespondiert noch mit der Mahnung in Sirach, von frühester Jugend an stetig nach Weisheit und Wissen zu streben,[17] die nachfolgenden Ratschläge scheinen jedoch wie eine Persiflage auf das weise und würdige Altern. Denn hier finden sich die Warnung vor der Heirat mit einer Witwe, ein Rückbezug auf die schöne Frau im Hause des Lehrers, und das Lob der Jungfrau. Dieser Gegensatz zwischen Jungfrau und Entjungferter wird von zwei weiteren Sprüchen aufgegriffen, immer verbunden mit dem unterschwellig sexuellen Hinweis auf die Stärkung der (Mannes)-Kraft. Denkbar ist, dass hier, neben der Diskussion in bChag 15b, vor allem das im ersten Teil und in bSanh 100b recht ausführlich behandelte Thema der Sorge um die sexuelle Unversehrtheit der Töchter und ihre Fortpflanzungsrolle in der Ehe die Richtung der Aussagen inspiriert hat. Wo die Jungfräulichkeit und Schamhaftigkeit ein so zentrales Anliegen darzustellen scheinen, da muss dem Objekt dieses Schutzes für die mit ihm befasste männliche Seite ein ganz besonderer Zauber bzw. Bonus innewohnen. In Sirach finden sich zur Moralität der Töchter jedoch nur ganze drei Verse (Sirach 42,9-11) und Männer werden sogar explizit vor der Bewunderung der Jungfrauen gewarnt (Sirach 9,5). Die ironische Überspitzung erfolgt so durch die offene Empfehlung der Heirat mit einer Jungfrau an „Schriftgelehrte und Gelehrte", die eigentlich zu jenem Kreis der Gebildeten gehören, die mit Sirachs Moral- und Weisheitslehre vertraut sein sollten. Mit diesem Themenbereich verbunden, allerdings im Gegensatz zu den vorherigen Abwertungen der Entjungferten, ist auch der Hinweis zu *Ajin*, dass man sich vor der „Schönheit der Witwe" hüten solle, da ihre Nachkommen „Kinder der Unzucht" seien. Einen weiteren Themenkomplex im A-Text bildet die Warnung vor den Bösen und ihre Verfluchung im Allgemeinen, in der Familie und insbesondere in Gestalt der „bösen Frau". So warnt der Spruch zu *Nun* vor dem herrschsüchtigen, bösen

---

17 Vgl. Sirach 6,18: *Liebes Kind, lass dich die Weisheit ziehen von Jugend auf, so wird ein weiser Mann aus dir.*

Weib, das durch seine Geldgier auffalle. Das „Losreissen" von ihr im Sinnspruch formuliert der Talmud in bSanh 100b im krassen Bild der Heilung von Aussatz, das nicht aus Sirach stammt, auch wenn es sich an dortige Ideen anlehnt (Sirach 25,34). Dass solche Aussagen gegen die „böse Frau", durchaus auch in extremer Form, in Sirach zu finden sind, wurde bereits angemerkt.[18] Doch ist es wichtig daran zu erinnern, dass jene Aussagen in Sirach zahlenmässig gering sind, auch wenn es teilweise radikale Äusserungen gibt (Sirach 25,32: *Die Sünde kommt von der Frau und wegen ihr müssen wir alle sterben*). Zudem wird jenen negativen Aussagen dort fast immer ausführlich das positive Ideal der gottesfürchtigen und tüchtigen Frau entgegengestellt, die nur an der Seite eines Mannes, der selbst den hohen moralischen Idealen Sirachs entspricht, vorstellbar ist. In der Talmudstelle bSanh 100b verwandelt sich diese Aussage in einen Nebenaspekt, weil hier deutlich die negativen Aussagen zu Frauen überwiegen. Diese Unausgewogenheit übernimmt und überspitzt der A-Text noch, indem hier die „gottesfürchtige Frau" nur als ein Erwerbsziel (*Kuf*) unter anderen (Besitz, Kinder) genannt wird. Dieser einzige positive Spruch über die Frau ist doppelt ironisch, da die Empfehlung zur Zeugung unzähliger Kinder im Kontrast zu Sirach 16 steht, wo betont wird, dass es gerade nicht um die Quantität, sondern um die charakterliche Qualität der Nachkommen gehe.[19] Die drei Sinnsprüche zu *Peh*, *Resch* und *Schin* bilden eine Gruppe der Ermahnung zum ethischen Leben, in dem sich der Weise vor falschen Gefährten und bösen Menschen hüten sowie üble Nachrede und Geschwätz meiden soll. Solche Aussagen finden sich als zentrale Ratschläge für eine gute Lebensführung sehr oft in Sirach[20] und der biblischen Weisheitsliteratur. Ihre Botschaft wird hier, kombiniert mit anderen Bibelversen (Jes 59,7), paraphrasiert wiedergegeben. Zu *Resch* und *Schin* liefert der Text jedoch jeweils zwei Sinnsprüche, von denen der erste die Morallehre der Weisheitsliteratur transportiert. So warnt *Resch* zunächst vor den bösen Gefährten, die das Blutvergiessen lieben und den Frevel suchen. Der zweite Spruch jedoch akzentuiert das genaue Gegenteil. Man soll sich

---

18 Vgl. Ilan (1999), 161-164.

19 Vgl. z.B. Sirach 16,3: *Denn es ist besser ein frommes Kind denn tausend gottlose.*

20 Sirach 21,11: *Die Gottlosen gehen zwar auf einem feinen Pflaster, aber es endet im Abgrund der Hölle.*

auch der bösen Gefährten erbarmen. Dies klingt erst einmal wie praktizierte Nächstenliebe und Barmherzigkeit, doch das Ende des Spruches betont, dass dies nicht um der Barmherzigkeit willen geschehe, sondern zu dem Zweck, dass niemand vor Gottes Gericht Schlechtes über einen sagen könne. Was nach Nächstenliebe aussah, bekommt nun den Beigeschmack von kalter Berechnung guter Taten oder einer Art Druckmittel, das selbst Sünder gegenüber ihren Mitmenschen in der Hand hätten. Sehr interessant ist auch die erste Spruchweisheit zu *Schin*. Während der zweite Rat sich gegen das Verbreiten von Lügen und Gerüchten wendet, wirkt der erste wie eine einfache Aufforderung an den Lehrer: „Schliesslich lausche mein Herr meinem Wort und es neige sich dein Ohr meiner Rede!"[21] Allerdings klingt dieser Satz, der keine wirkliche Weisheit ausser der Kunst des Zuhörens transportiert, wie ein indirektes Zitat des Beginns in Prov 5,1: *Mein Sohn, merke auf meine Weisheit und neige dein Ohr meiner Lehre.* Hier geht es um die Warnung vor der Verführerin. Zudem wird hier deutlich, woher die A-Version das Bild des Borns und des Brunnens bei der Jungfrau nimmt. Jedoch ist es in Prov 5 gerade die Empfehlung des Liebesglücks mit der eigenen Frau,[22] wodurch dieser Verweis wie eine Kritik an der Überbewertung des Themas Sexualität und dem Rat zum Misstrauen gegen die eigene Frau, wie er im Folgenden im Text auftaucht, wirkt. Ausserdem wird hier auch deutlich, dass nur die Zügelung der Triebe und nicht etwa die „Süsse der Jungfrau" ein gottgefälliges Leben ermöglicht (Prov 5,21-23). In jenen Kontext der Warnung vor den Bösen sind zwei weitere Ratschläge über Misstrauen gegenüber der eigenen Familie eingebettet. Dabei lässt sich für den Spruch über das Verstecken seines Besitzes vor den Erben noch eine Parallele in Sirach finden. Allerdings geht es dort eigentlich nur darum, stets Herr in seinem Haus zu bleiben und nicht vor der Zeit sein Vermögen an die Erben zu verschenken und sich so von ihnen abhängig zu machen (Sirach 33,20ff). Im Kontext der Sinnsprüche gegen die Bösen bekommt der Rat bereits einen anderen Klang, da es so nun scheint, dass einem selbst die eigenen Kinder stets nur Böses

---

21 Vgl. Yassif (1984), 211.

22 Prov 5,15: *Trink Wasser aus deiner Zisterne und was quillt aus deinem Brunnen;* Prov 5,18: *Freue dich des Weibes deiner Jugend.*

wollten und eher den „bösen Gefährten" (*Peh*) ähnelten, vor denen man sich hüten soll. Zudem widerspricht es geradewegs dem Aufruf zur Freigiebigkeit und der Warnung vor Geiz.[23] Dieses Misstrauen und eine recht eigenwillige Weisheit zum Gelderwerb wird besonders deutlich im abschliessenden Spruch zu *Taw*, mit dem der kleine Ben Sira rät, man solle Reichtümer anhäufen, davon seiner Frau aber nichts sagen, da sie, wie bereits im Spruch zu *Nun* gezeigt, verrückt und geldgierig sei. Dieser Rat ist eine klare Paraphrase des Zitats aus Micha,[24] das in bSanh 100b, völlig aus seinem negativen Kontext gelöst, als eine der brauchbaren, positiven Aussagen aus Sirach angeführt wird. Verbunden ist jenes Misstrauen gegen die eigene Ehefrau, das im Gegensatz zu Sirach steht,[25] mit dem Ansporn zum Erwerb von Reichtümern. Auch jener Rat steht im direkten Widerspruch zu Sirach und anderen Vertretern der Weisheitsliteratur. Für sie ist der Besitz gerechter Lohn und Mittel zum gottesfürchtigen und weisen Lebenswandel. Das Anhäufen von Reichtümern als Selbstzweck wird wiederholt scharf verurteilt, sogar bei Salomo als grossem Weisen, da es zur Sünde verleite und kein moralisches Leben zulasse, denn nur *der Furcht des Herrn mangelt nichts, und sie bedarf keiner Hilfe* (Sirach 40,27).[26] Die Strategie der Kritik im A-Text verläuft so gesehen auf mindestens zwei Linien. Zum einen greifen die Sinnsprüche die einseitig negative Atmosphäre der Zitatauswahl im Talmud auf und kritisieren diese Auswahl, indem sie weitere ähnlich gelagerte Sprüche zitieren und dabei übertreiben. In der Kombination mit den praktisch-moralischen Warnungen gegen Sünde und Böses sowie zum Thema „Frauen" aus Sirach entsteht dabei der Eindruck, dass der Ausnahmefall der „bösen Frau" eher die Regel im Familienleben darstelle. Die Sinnsprüche zeigen, wie durch eine willkürliche und kontextlose Auswahl der Sinn solcher „Weisheiten" bis zur Unkenntlichkeit manipuliert werden könnte und so auch auf andere Sprüche „abfärbt". Zum anderen stehen die eher trivialen Sprüche zu Frauen, Erben und Geld in einem doppelten Wider-

---

23 Vgl. Sirach 4,1-11; 12,1-6; 31,1-11 und Sirach 14.

24 Micha 7,5: *Bewahre die Öffnung deines Mundes vor der, die in deinem Schosse ruht.*

25 Vgl. Sirach 40,23: *Ein Freund kommt zum andern in der Not, aber Mann und Weib vielmehr.*

26 Vgl. Sirach 27,1: *Des Geldes wegen sündigten viele, und der es zu vermehren sucht, muss das Auge abwenden.* Sirach 31; 32,1-17; 40,12-28; 47,20-23. Vgl. auch Koh 5,9-19. Zur Kritik an Salomo vgl. Himmelfarb (2000), 89-99.

spruch zu ihrer angeblichen Quelle. So werden zum einen etwa Ratschläge formuliert, die in sich bereits (wie bei den Themen „Geld" und „Kinder") Kernaussagen der Weisheitsliteratur widersprechen. Zum anderen gibt es jene Sprüche, die ohne Veränderung die Botschaften aus Sirach transportieren. Auch diese enttarnen durch ihre Kombination mit den anderen Maximen (wie etwa die Distanz zu den Frevlern bei gleichzeitiger Barmherzigkeit gegen sie) die Widersprüchlichkeit der Lehren, die der kleine Ben Sira dem Lehrer hier auftischen möchte. Damit weist der Text auf den weiteren Kontext der Botschaft in Sirach hin, der immer mitgedacht werden sollte, wenn Zitate aus jener Tradition an anderer Stelle eingebracht werden.

3.2. Textgruppe B

Die Textversion in B greift ebenfalls den kritischen Ansatz der ersten Hälfte der Sprüche auf, wobei sie jedoch andere Schwerpunkte setzt. Hier soll indes ebenfalls auf die Bezüge dieser Textvariante zu der Quelle der Talmudzitate in Sirach eingegangen werden. Wie oben beschrieben präsentiert bSanh 100b eine relativ beschränkte Auswahl an Weisheitssprüchen, die sich zur einen Hälfte negativ auf Frauen bezieht und zur anderen Hälfte vor allem praktisch-moralische Maximen für das tägliche Leben vermittelt. Während der B-Text des „Alphabets" in der ersten Hälfte in seiner Kritik ebenfalls mit den Zitaten aus eben jener Talmudstelle arbeitet, so verfolgt er im weiteren Verlauf eine andere Strategie. Der enge Bezug der hier von Ben Sira formulierten Sprüche in B zur Weisheitsliteratur zeigt sich bereits durch die vielen Zitate aus Kohelet und Proverbia, mit denen er seine Argumentation systematisch abstützt. Der Spruch zu *Lamed* über den unnötigen Kummer lehnt sich noch stärker als im A-Text an die Version in bSanh 100b an, indem es die dortige Kombination mit dem Vers aus Prov 27,1 wiedergibt, die sich so nicht in Sirach wieder findet, jedoch dortigen Aussagen folgt. Die weiteren Zitate aus Ps 91,3 und Jer 17,7 führen in die auch bei Sirach zentrale Thematik des Gottvertrauens (Sirach 2,3-13) als besten Schutz des Weisen ein. Zu *Mem* findet sich eine Weisheit, die zur Vorsicht rät, um durch zweifelnde Distanz vor dem Bösen gefeit zu sein. In Sirach finden sich sehr viele solcher Mahnungen, die in ganz unterschiedlichen Kontexten (Reden,

Freunde, Opferkult, Geld usw.) dem Weisen raten, stets auf der Hut zu sein und sich und seine Umwelt eingehend auf mögliche Sünden zu prüfen.[27] Der nächste Rat warnt vor „bösen Überlegungen" und scheint wie eine Zusammenfassung von Sirach 19,19-27. Hier wird gewarnt vor der Hinterlist und der falsch verwendeten Schlauheit, denn *Listigkeit ist nicht Weisheit* (Sirach 19,19) und *es ist mancher scharfsinnig, aber ein Schalk und kann die Sache drehen, wie er es haben will* (Sirach 19,22). Somit scheint der kleine Ben Sira im B-Text eine Lektion zu erteilen, die er selbst noch nicht gelernt hat. Sein willkürlicher Umgang mit den Zitaten und das schamlose Ausnutzen seiner aussergewöhnlichen Schlauheit und seines Buchwissens sind noch weit vom Ideal des Weisen entfernt. Hier und im weiteren Handlungsverlauf demonstriert der Text – wie auch in der A-Version – wie schmal oft der Pfad zwischen Weisheit und Verschlagenheit in der praktischen Anwendung sein kann und wie unterschiedlich Ben Sira damit umgeht. Der Spruch zu *Samech* und das Zitat aus Ps 111,10 zeigen im Anschluss, dass die theoretische Weisheit nur gepaart mit Gottesfurcht und Gebotstreue einen praktischen Wert habe. Diese Botschaft findet sich in Sirach als *die* zentrale Aussage des Weisheitslobes in allen Teilen des Werkes. Der Spruch zu *Zade* über das Gotteslob ergänzt diese Lehre, indem er die Idee Sirachs aufgreift, dass der Weise nur durch „das intellektuell-kontemplative und responsorische Verhalten auf Gott hin"[28] existieren kann. Hierin spiegelt sich die rabbinische Vorstellung (vgl. die Parallele in mAbot 2,7), dass das Leben als Weiser bzw. Gelehrter in Torastudium und Gebet um seiner selbst willen gelebt wird, und nicht, um damit einen anderen Mehrwert zu erzielen. Ben Siras Zitat zu *Peh* mit dem Psalm 34,17 erinnert daraufhin daran, wie es denjenigen ergeht, die sich eben nicht um ein gottgefälliges Leben bemühen, zu dem moralische Disziplin und Verzicht gehören. Dieser Kontrast mit dem Schicksal der Gottlosen wird auch in Sirach an vielen Stellen als Mittel der Mahnung herangezogen (Sirach 7,19; 21,5-11; 41,8-14). Ebenfalls eine Parallele in mAbot 2,7 findet sich zum Sinnspruch über den Erwerb eines guten Namens (*Schin*). Die grosse Bedeutung eines guten Namens betont auch Sirach 41,15-16: *Mühe dich um einen guten Namen, der bleibt dir*

---

27 Vgl. z.B. Sirach 5,10-18;7; 8,1-8; 9; 10,6-16; 12,7-19; 19; 20,13-33; 21,2-11.

28 Vgl. Wischmeyer (2002), 18-32, hier: 26.

gewisser als tausend grosse Schätze von Gold. Ein Leben, so gut es auch sei, währt nur kurze Zeit, aber ein guter Name bleibt ewiglich. Ohne Zusammenhang zitiert bergen die Zitate aus Abot, Sirach und Ben Siras Spruch die Gefahr, fälschlicherweise anzunehmen, dass allein der gute Name zähle, ohne zu berücksichtigen, wie er erworben worden sei. Doch alle drei Stellen verweisen direkt im Anschluss auf die Bedingungen für einen guten Namen. In der Mischna erwirbt man durch die „Worte der Tora" in der Praxis (Mizwot) oder im Studium seinen „Anteil an der kommenden Welt". In Sirach wird auf die Gottesfurcht verwiesen und im B-Text betont der Lehrer die Gebotstreue als ihre Voraussetzung anhand eines Zitats aus Ps 112,1. Die Spruchweisheiten zu *Ajin, Quf, Resch* und *Taw* behandeln alle die Allmacht und Allwissenheit Gottes, die es ihm ermöglicht, alle Sünden der Menschen zu kennen und zu richten. Dabei geben sie auch Inhalte der rabbinischen Literatur (mAbot 3,1) und der Weisheitsliteratur (Koh 11,9; 12,14) wieder. Die Erinnerung an die Sündhaftigkeit des Menschen thematisiert auch Sirach 21,1: *Hast du eine Sünde begangen? Füge keine mehr hinzu! Und wegen deiner früheren (Sünden) bete!* Das moralisch-didaktische System der Rabbinen von „Lohn und Strafe" sowie die Lehre von der Umkehr, findet sich in Sirach formuliert als Erinnerung an das Allwissen Gottes über die Sünden der Menschen und sein späteres Gericht über die Sünder (Sirach 5,4-9; 23,27ff). Das letzte Zitat aus Koh 12,13 formuliert dann noch einmal eindringlich die zentrale Botschaft der Gottesfurcht und Gebotstreue, die sowohl für Sirach als auch für die Rabbinen ein gottgefälliges Leben in Weisheit wie auch das Streben danach ausmachen. An diesem hohen Standard muss sich schliesslich auch der Protagonist des mittelalterlichen Textes messen lassen, wozu der Autor dem Leser die entsprechenden Maximen präsentiert und ihm so die Bewertung des „Helden" bis hierhin und im Weiteren überlässt. So „saugt" Ben Sira geradezu das gesamte Wissen der jüdischen Tradition, also die theoretische Weisheit, atemberaubend schnell auf. Die Demonstration seiner Weisheit in der Öffentlichkeit wirkt jedoch wie eine Farce und steht im Gegensatz zum Ideal des Weisen in Sirach 37,22-26, der sein Wissen weitergibt. Denn den Leuten zu sagen, wie viele Körner sich in einem Seah, was ja bereits ein gängiges Mass ist, befinden, ist keine praktische Weisheit, sondern muss als Form eitler Selbstbestätigung gelten.

4. Ergebnisse

Die Analyse der beiden Textvarianten in der zweiten Hälfte der Spruchweisheiten hat gezeigt, dass beide sich deutlich in Strategie und Formulierung der intertextuellen Kritik voneinander unterscheiden. Dabei
beziehen sich jedoch beide mit Hilfe von Paraphrasen oder Ideen aus
Sirach und anderer Weisheitsliteratur auf den gemeinsamen Zieltext der
Kritik in bSanh 100b. In beiden Versionen wird deutlich, wie gefährlich
der leichtfertige Umgang mit Zitaten bzw. „Nachdichtungen" ohne ihren
Kontext sein kann. Ausserdem wird auch demonstriert, dass die einzelnen „Weisheiten" ohne Rahmenbezug schnell arrogant und pathetisch
wirken können, wenn sie, wie im Gespräch mit dem Lehrer, mit den
alltäglichen Ängsten und Nöten konfrontiert werden. Die A-Version
veranschaulicht durch ihre additiv-überspitzende Technik von eher
praktisch-moralischen Sprüchen, die die Atmosphäre von Bosheit und
Sünde bis in die Familie und Ehe hineinträgt, zu welchen absurden
Maximen (Misstrauen gegen Ehefrau und Kinder/die „Süsse" der Jungfrau) ein einseitiger und zum Teil falscher Umgang der Rabbinen mit der
Quelle in Sirach letztlich führen kann. Zum anderen führt die Übertrei-
bung jedoch dazu, dass der halbwegs mit der Weisheitsliteratur vertraute
Leser sofort die Widersprüche und scharfen Kontraste zum Original
bemerkt und sie kritisch gegen den Text wendet. Die B-Version verfährt
ganz anders, indem sie eben nicht weiter auf das missverständliche
Thema der weiblichen Sexualität oder auf andere lebenspraktische
Ratschläge aus bSanh 100b eingeht, sondern sich direkt auf das Sirachbuch zurück bezieht. Allerdings werden hier eher Paraphrasen oder
Zitate aus rabbinischen oder weisheitlich-biblischen Quellen verwendet.
Auf diese Weise gelingt es dem Text zu zeigen, dass an anderer Stelle in
der rabbinischen Literatur anstatt abseitiger Schwerpunktsetzungen die
zentralen Botschaften Sirachs, von den Zitaten aus der kanonischen
Weisheitsliteratur abgestützt, durchaus verstanden und übernommen
worden sind.

Die rhetorische Frage „Hast du denn nicht gelesen?" wird im Dialog
überheblich und falsch von Ben Sira an den Lehrer adressiert, der sich
sehr wohl in der Tradition und praktischen Weisheit auskennt. So
scheint der Text diese Frage vielmehr an den Talmud selbst und die mit

ihm befassten Gelehrten zu stellen, da bSanh 100b zeigt, dass Lesen und Zitieren von Texten durchaus nicht gleichbedeutend mit ausgewogenem und verständigem Umgang mit den Quellen sein muss. Für den Autor scheint klar zu sein, dass für Sirach und die Rabbinen „die Hinordnung auf Gott (…) in Gottesfurcht, im Rühmen der Werke Gottes und in der nachdenkenden Erforschung dieser Werke (besteht)."[29] Anstatt mit ironisch-satirischer Überspitzung (wie in A) kritisiert und kontrastiert diese Variante die Talmudstelle, indem sie ihr die gemeinsame moralisch-theologische Grundlage (Sirachs und der Rabbinen) von Gottesfurcht, Studium und Gebotstreue entgegensetzt.

---

29 Vgl. Wischmeyer (2002), 25.

Literatur

BÖRNER-KLEIN, Dagmar: Das Alphabet des Ben Sira. Hebräisch-deutsche Textausgabe mit einer Interpretation, Wiesbaden 2007.

CAMP, Claudia V.: Understanding a Patriarchy: Women in Second Century Jerusalem through the Eyes of Ben Sira, in: LEVINE, Amy-Jill (Hg.): Women like this: New Perspectives on Jewish Women in the Greco-Roman World, Atlanta 1991, 1-40.

GILBERT, Maurice: The book of Ben Sira: Implications for Jewish and Christian Traditions, in: TALMON, Shemaryahu (Hg.): Jewish Civilization in the Hellenistic-Roman Period, Philadelphia 1991, 81-91.

HIMMELFARB, Martha: The Wisdom of the Scribe, the Wisdom of the Priest and the Wisdom of the King, in: ARGALL, Randal A. u.a. (Hgg.): For a Later Generation. The Transformation of Tradition in Israel, Early Judaism, and Early Christianity, Harrisburg 2000, 89-99.

ILAN, Tal: „Wickedness Comes from Women" (Ben Sira 42:13). Ben Sira's Misogyny and its Reception by the Babylonian Talmud, in: dies., Integrating Women into Second Temple History, Tübingen 1999, 155-172.

DI LELLA, Alexander A.: The Meaning of Wisdom in Ben Sira, in: PERDUE, Leo G. u.a. (Hgg.): In Search of Wisdom: Essays in Memory of John G. Gammie, Westminster 1993, 133-148.

RICHLER, Benjamin: Hebrew Manuscripts in the Bibliotheca Palatina in Parma (Katalog). Paleographical and codicological descriptions by Malachi Beit-Arie, Jerusalem 2001.

TRENCHARD, Warren C.: Ben Sira's View of Women: A Literary Analysis. Chico 1982.

WISCHMEYER, Oda: Theologie und Anthropologie im Sirachbuch, in: EGGER-WENZEL, Renate: Ben Sira's God; Proceedings of the International Ben Sira Conference, Durham-Ushaw College 2001, Berlin 2002, 18-32.

WRIGHT, Benjamin G.: B. Sanhedrin 100b and rabbinic knowledge of Ben Sira, in: CALDUCH-BENAGES, Nuria/VERMEYLEN, Jacques (Hgg.): Treasures of Wisdom; Studies in Ben Sira and the Book of Wisdom (Festschrift Maurice Gilbert), Leuven 1999, 41-50.

YASSIF, Eli: The tales of Ben Sira in the Middle Ages. A Critical Text and Literary Studies (h), Jerusalem 1984.

Quellenregister

Bibel

Genesis

1,26	121f.
1,27	56
2,23	109f.
6,9-11,31	47 (A[*])
9,1-17	51 (A)
9,6	49f., 52-58, 55 (A)
9,6 (LXX)	52 (A)
9,7	54-58
11,28	43, 46f.
12,1	47
12,1-17,27	47 (A)
15,7	47 (A)
20,18	84
20,23	84
21,1	85
30,22	82f.
41,50	76

Exodus

6,30	94
14,7	119
19,15	75
19,20	60-64
20,13	55 (A)
20,22	60-64
21,12	52 (A)
23,2	28
23,5	102
32,9	93
33,3	93
34,9	93

Leviticus

15,19-33	75
18,5	107
23,4	22

Numeri

15,31	58 (A)

Deuteronomium

4,36	61f., 63 (A)
4,41	51 (A)
9,6	93
10,16	94
11,14	93
11,17	84
20,5-7	78f.
28,12	82f.
30,12	28,29

Josua

6,1-21	101 (A)

Richter

4-5	117

---

[*] A: Anmerkungen.

Kohelet Rabba
9,1   114 (A)

Pesiqta de-Rav Kahana
3,4   112 (A)

Midrasch Psalmen
34   114 (A)

Palästinischer Talmud
Berakhot
9,5 (14b)   56 (A)

Schabbat
1,1 (2d)   63 (A)
1,4 (3c-d)   24

Moed Qatan
3,1 (81d)   29
3,5 (82d)   76

Chagiga
2,1 (77b)   58 (A)

Sota
5,7 (20c)   56 (A)

Babylonischer Talmud
Berakhot
19a   27,33
33a   26
57b   76
61b   56 (A)
Schabbat
15b   24
77b   114 (A)

151b   110 (A)

Pesachim
118a   57 (A)
118b   119f.

Sukka
5a   63 (A)

Ta'anit
2a   72
2a.b   82, 84, 87f.
6a   93f.
6a.b   73
6b   90-92
7b   89
8a.b   82, 84f., 87f.
11a   77
13b   91
14b   79f.

Megilla
2a   26
5b   80
9a   122

Moed Qatan
21a   76

Chagiga
14b   58 (A)
15b   154

Jebamot
63a   106, 110

Autorinnen- und Autorenverzeichnis

Univ.-Prof. Dr. Dagmar Börner-Klein ist Professorin für Jüdische Studien an der Heinrich-Heine-Universität Düsseldorf.

Univ.-Prof. Dr. Tal Ilan ist Professorin für Judaistik am Institut für Judaistik der Freien Universität Berlin.

Lennart Lehmhaus, M.A., studierte Judaistik, Germanistik und Politikwissenschaften und ist Doktorand am Institut für Jüdische Studien der Universität Düsseldorf.

Dr. theol. Susanne Plietzsch ist Oberassistentin am Institut für Jüdische Studien der Universität Basel.

Univ.-Prof. Dr. Günter Stemberger ist Professor für Judaistik an der Universität Wien.